Rehm Rozanes | Die Ärzte. 100 Seiten

* Reclam 100 Seiten *

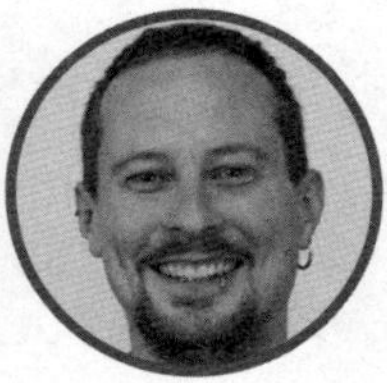

STEPHAN REHM ROZANES, geb. 1980, hat sich sein Studium der Politologie mit Jobs als DJ im Münchner Nachtleben finanziert und ist seit 2007 Redakteur beim *Musikexpress*. Für den Bayerischen Rundfunk moderierte er die Radiosendung *In die Nacht*. Er lebt in Berlin (in Berlin!) und hat Die Ärzte mehrfach für Interviews getroffen.

Stephan Rehm Rozanes

Die Ärzte. 100 Seiten

RECLAM

Dieses Buch ist meinen Super Drei gewidmet:
Benjamin, Jonathan, Shani – die beste Familie der Welt.

2. Auflage

2021 Philipp Reclam jun. Verlag GmbH,
Siemensstraße 32, 71254 Ditzingen
Umschlaggestaltung nach einem Konzept von zero-media.net
Icon / ä-Logo: © Hot Action Records GmbH
Infografik (S. 44 f.): annodare GmbH, Agentur für Marketing
Bildnachweis: vor S. 1: © akg-images / Paul Kalkbrenner;
S. 7: © IMAGO / United Archives; S. 23: © IMAGO/teutopress;
S. 29: © IMAGO/T-F-Foto; S. 33: © IMAGO/T-F-Foto; S. 55: © Hot Action Records GmbH / Nela König; S. 99: © Hot Action Records GmbH / Jörg Steinmetz; Autorenfoto: © Andreas Meixensperger
Druck und Bindung: Eberl & Koesel GmbH & Co. KG,
Am Buchweg 1, 87452 Altusried-Krugzell
Printed in Germany 2021

ISBN 978-3-15-020583-9

Auch als E-Book erhältlich

www.reclam.de

Für mehr Informationen zur 100-Seiten-Reihe:
www.reclam.de/100Seiten

Inhalt

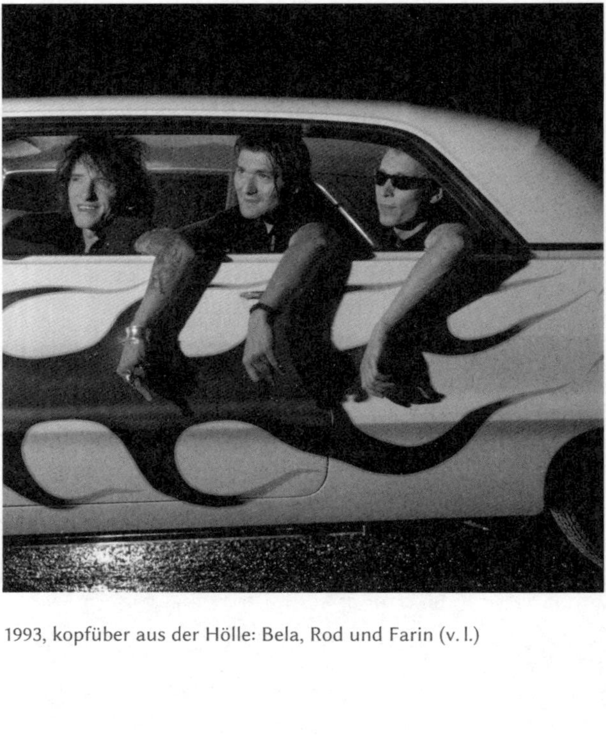

1993, kopfüber aus der Hölle: Bela, Rod und Farin (v. l.)

»Wie es geht« – Ich weiß, ob es Liebe ist

Meine Liebe zu den Ärzten begann nicht mit dem ersten Blick, oder besser: mit dem ersten Ton. Das verhielt sich eher wie mit jemandem aus dem Freundeskreis, bei der oder dem man sich nach Jahren unversehens fragt: Ja, wieso denn eigentlich nicht du? Auf einmal macht es Zoom! wie bei Klaus Lage – ganz gewiss ohne den auch nur in irgendeine Nähe zu den Ärzten zu rücken, obwohl er in ihrem »Deutschrockgirl« Erwähnung findet – und ihnen bei der Verrichtung ihrer Notdurft musikalische Gesellschaft leistete! Dazu später mehr. Was mich zunächst auf Distanz hielt, war der Altersunterschied. Während ich gerade das Licht der Welt erblickte, regierten Die Ärzte diese beinahe schon – eben als beste Band der Welt. Doch längst ist mir ein Leben ohne Die Ärzte nicht mehr vorstellbar. Farin Urlaub und Bela B stellen für mich eine unverrückbare Dualität dar wie Sonne und Mond, wie Rausch und Kater. So kennt meine Biographie auch nicht den einen Moment, in dem ich von den Ärzten Notiz nahm. Sie waren immer da. Ob in der verknitterten *Bravo*, die der frühreife Nachbarsjunge schon las, oder als heiß gehandelte Hehlerware auf dem Schulhof in Form von Kassetten mit ihren sündhaftesten Songs. Ein Tape mit den perver*tier*ten Neigungen Claudias oder der akustischen Mutprobe »Schlaflied« hatte den Stellenwert einer Packung »Roth-Händle« oder einer VHS mit den »Gesichtern des Todes«. Wer eins dieser Statussymbole sein Eigen nannte, galt als unantastbar – in der Unterstufe wohlgemerkt. Denn dort und nur dort galten Ärzte-Fans als cool. Deren elitäre Position hatte mich aber abgeschreckt. Ich war mindestens bis zur Pubertät alles andere als cool, ein an Fußball und Schlägereien desinteressierter Sonderling, der in seiner Freizeit eher Kumpelinnen als Kumpels traf. Diese Attribute ließen in der bayerischen Provinz nur eine Vokabel für meine Person zu: »Schwuchtel«. Das begriff ich inhaltlich nie als Beleidigung. Meine Mitschüler aber durchaus.

Mit dem »Schunder-Song« über die Konsequenzen von Mobbing entdeckte ich 1995 dann zwar nicht Die Ärzte, aber ich entdeckte sie für mich. Die Anfangszeilen beschrieben meinen Alltag: »Du hast mich so oft angespuckt, geschlagen und getreten«. Begeisterung empfand ich bei der skurrilen Offensichtlichkeit des folgenden »Das war nicht sehr nett von dir, ich hatte nie darum gebeten«. Humor gehörte für mich als Verehrer der Meistersatiriker der Ersten Allgemeinen Verunsicherung und der Over-the-top-Bombastrocker Queen zu Musik dazu. Dann die Bridge »Jetzt stehst du vor mir und wir sind ganz allein. / Keiner kann dir helfen, keiner steht dir bei.« und schließlich der kathartische Refrain »Immer mitten in die Fresse rein …«. Ein buchstäblicher Befreiungsschlag, das Opfer wird zum Täter. »[D]as tut gut. / Das musste einfach mal sein«. Selbstverständlich begriff ich physische Widerwehr nicht als reale Option, schon gar nicht als Handlungsanweisung. Das war eine erfrischende Fantasie, die – eben – guttat. Das Leben spielt sich zum größten Teil im Kopf ab. Die meisten unserer Ängste, Wünsche und Sorgen erfüllen sich nicht. Und wer in Ego-Shootern vor sich hin meuchelt, plant in den allerseltensten Fällen einen Amoklauf im Real Life. Ich war jedenfalls »[v]ollkommen gefangen im Schattenreich von Die Ärzte«, wie eins ihrer Livevideos heißt. Ständig fand ich neue Lieblingsstellen im »Schunder-Song«: wie die messerscharfe E-Gitarre die vom Dead-Kennedys-Klassiker »California Über Alles« inspirierten Drums im Intro durchsägt, der Ska-Bläsersatz, der wie das Riff auf eine 1986er-Demo namens »Peter Parker« zurückgeht, am meisten aber das inbrünstig intonierte »Mitten!«. Allein der Einfall, dieses ungelenke, alleinstehend kaum lebensfähige Adverbchen so stark zu akzentuieren! Dazu die fehlenden Zusammenhänge mit dem Titel (der Song ist nach dem Band-Merchandiser Erik Schunder benannt – wie des Öfteren gab hier die Willkür den Ausschlag) oder dem Video, das den Brecher als Revuenummer mit Showtänzerinnen darbot. Vermutlich hörten auch meine Feinde damals den »Schunder-Song«, schlicht weil er »rockte«. Aber sie kapierten ihn nicht. Bestimmt »rockt« auch die Musik der Böhsen Onkelz. »Rocken« ist eine wertlose Worthülse.

Die Ärzte erreichten mich also zur rechten Zeit. Meine Liebe zu ihnen, das war allerdings nicht nur eine Frage des Alters, sondern auch eine der Ehre. Unter diesem Motto, angelehnt an einen aufgeblähten Werbespruch zum Boxkampf zwischen Henry Maske und Graciano Rocchigiani 1995, fand die erste Tour der Ärzte statt, der ich beiwohnte. Anlass war das Album zum »Schunder-Song«: *Planet Punk.* Passgenau und symbolträchtig an meinem 15. Geburtstag veränderte sich mein Leben in der Landshuter ETSV-Halle. Mein erstes Punkrockkonzert. Aufgeregt wagte ich mich vor Beginn der Show an den Verkaufsstand und bat den schweinscoolen Menschen hinter dem Tisch um ein weißes T-Shirt mit glitzerndem Ärzte-Logo, damals noch eine Abwandlung des omnipräsenten Anarchie-

Zeichens. »Das is ’n Girlie-Shirt«, erwiderte die Personifizierung von Sex, Drugs & Rock ’n’ Roll. Dieser Insider-Sprech traf bei mir ins Leere. War das also ein nur für Mädchen vorgesehenes Hemd? Entschied ich mich wirklich instinktiv für Frauenklamotten? Und falls Ja, sollte mir das jetzt nicht egal sein? War es nicht total Punk zu erwidern: »Ja, genau. Eins bitte!« Jedenfalls dachte und tat ich das und fühlte mich wohl in meinem neugewonnen androgynen Selbstverständnis. Der Rock ’n’ Roll war in mich gefahren. Obwohl ich mich natürlich nicht zu den Pogotänzern in den Moshpit gesellt hatte, wo bierbrummende Niederbayern einen Tsunami aus Blut, Schweiß und Tränen entfachten. Ich stand wohlbehütet in Begleitung meines Vaters hoch oben auf den Rängen, als Farin Urlaub ans Mikrofon trat und die Vorband Terrorgruppe aus Jux als die Sex Pistols vorstellte. Tatsächlich sollten die Punk-Pioniere fast genau fünf Monate später ihre Reunion verkünden. Mir sagte ihr Name noch nicht viel.

Das musste er auch nicht. Privileg der Jugend ist es, rein im Hier und Jetzt zu leben. Was kümmert sie das Geschwätz von oder über gestern? Punk, das waren für mich zeitgenössische US-Revivalisten wie Green Day oder The Offspring – deren parallele Popularität damals maßgeblich zum Erfolg des Ärzte-Comebacks beitrug. Ich war Ärzte-Fan der zweiten Generation. Bademeister »Paul« hatte mich noch nie vom Einer geschubst, die Frage nach dem Verbleib von »Buddy Hollys Brille« trieb mich nicht um, in »Madonnas Dickdarm« kannte ich mich nicht aus. Meine Ärzte und die zigtausend anderer begannen mit den 90ern. Ich machte mir Sorgen um »Susi Spakowski«, freute mich darüber, dass mit »Mein Freund Michael« endlich jemand den Formel-1-Karren die Luft aus den Reifen ließ und begeisterte mich vor allem für die zügellose Kreativität des haarigen *Le Frisur* – nur acht Monate nach *Planet Punk* erschienen, allen Warnungen der Plattenfirma zum Trotz. Während das Video zur zumindest als Promo-Single aus *Planet Punk* ausgekoppelten Disconummer »Rod Loves You« noch auf MTViva rotierte, das Begleitalbum also längst nicht durchgewirtschaftet war, debütierte auch schon die Boyband-Parodie »3-Tage-Bart« auf den Musikfernsehsendern. Der Vorbote eines der absurdesten Konzeptalben der Geschichte, das »ausschließlich von Haaren handelt«, wie es im bewusst holprigen Opener »Erklärung« heißt. Ursprünglich nur als Scherz-EP geplant, hatten Die Ärzte innerhalb von zwei Wochen genügend Songs für eine ganze Platte beisammen. Der klassische kommerzielle Selbstmord auf dem vorläufigen Höhepunkt der Karriere. Was für ein furchtloser Move!

Wiederum Zigtausende, die zehn Jahre nach mir kamen, machten Songs aus den 00ern wie »Deine Schuld« oder »Junge« zu Ärzte-Fans. Dieses ungeheuerliche Talent, auch im fortgeschrittenen Alter immer wieder neue Generationen 12-Jähriger für sich gewinnen zu können, kennt nur wenige andere Beispiele, abermals etwa: Green Day. In deren Anhängerschaft gibt es die Kohorte *Dookie*-Fans und die, die eine Dekade darauf mit *American Idiot* zum Publikum stießen. Ob Die Ärzte diese »Fähigkeit« immer noch besitzen, bleibt zu sehen.

Man ist dazu geneigt, die Musik seiner Jugend als die beste aller Zeiten zu erachten. Weil sie untrennbar mit wichtigen Erstberührungspunkten des Lebens verbunden ist. Wie schon Cat Stevens wusste: »The first cut is the deepest«. Aber in puncto Pop waren die frühen bis mittleren 90er auch nicht die schlechteste Zeit für die musikalische Sozialisation: Britpopper wie Oasis, Blur und Pulp überboten einander im Wettstreit um die beste europäische Antwort auf Nirvana, der uns von klassischen Instrumenten und der damit verbundenen Virtuositätsmaxime befreiende Techno wurde zum Massenphänomen. Die Fugees brachten Hip-Hop ins Formatradio, mit aufregenden Spielarten wie Trip-Hop, Jungle und Big Beat entstanden ganz neue Genres. Doch so rasant diese Zeit war, so schnell ging man auch mit ihr. Als 1998 die wogenden Massen zu »Männer sind Schweine« die Bierbänke des Oktoberfests zum Einstürzen brachten, beschallten schon an der Welt verzweifelnde Bands wie Tocotronic, Radiohead und Atari Teenage Riot mein Kinderzimmer. Aber dem Spirit der Ärzte blieb ich verbunden. Mich verzückte die subtile Einflechtung von Zeilen aus dem Slime-Stück »Wir wollen keine Bullenschweine« in den von Radiomacher*innen umarmten Nr. 1-Hit. Für die Band blieb das übrigens ohne Folgen, während die mit den Ärzten verbandelten Hamburger Hip-Hopper Fischmob sich im Vorjahr Anzeigen wegen ihrer Coverversion des kontroversen Songs im Schlumpftechno-Sound einhandelten. Auch fand ich es höchst beachtlich, dass Die Ärzte die Rechte bekamen, im zugehörigen Video gegen die Games-Ikone Lara Croft anzutreten – und dass die Actionsounds aus dem Gefecht fast die Musik übertönten. Wie sich die Band also eigentlich selbst attackiert, wieder mal. Auch die schräge Folgesingle, der Country-Jodler »Goldenes Handwerk«, in dessen Video Bela durch eine Nichtigkeit enthauptet wird, musste mir gefallen.

Wie es der idealtypische Lebenslauf eines späteren Musikjournalisten vorsieht, gründete ich zu dieser Zeit selbst eine Band, da mir das in der kulturellen Isolation meiner Heimat als sinnvolle Beschäftigung vor, nach und während den Schulstunden erschien. Die Band war kurzlebig, ganz und gar erfolglos und gigantisch. Mit den Worten »It's better to burn out than to fade away« besang Neil Young schon 1979 die Karriere des im

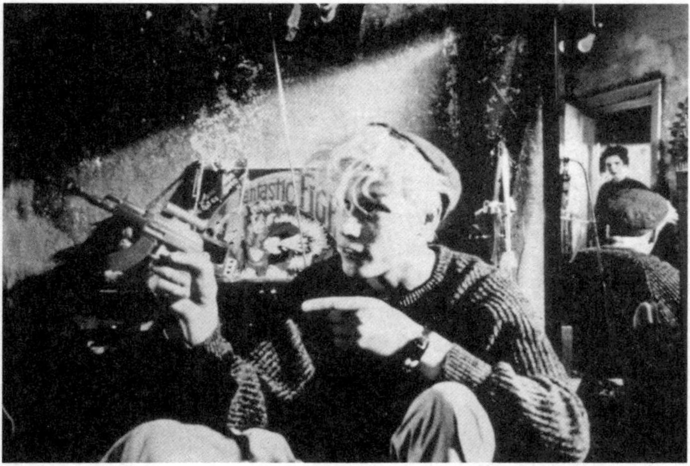

Farin Urlaub 1985 als Richard »Richy« Schrader: genial dilettantisches Filmdebüt

Eiltempo die Welt verändernden Johnny Rotten. Das Best-of der Ärzte *Das Beste von kurz nach Früher bis jetze* diente unserer Band als Bibel, nicht unbedingt musikalisch, aber in der Herangehensweise. Die Doppel-CD, die wie der auch bei näherer Betrachtung verwirrende, aber eigentlich deutliche Titel verrät, Prachtstücke aus den Jahren nach der Compilation *Die Ärzte früher!* bis in die Gegenwart versammelt, deckte eine schwindelerregende stilistische Bandbreite ab. Die Fertigkeiten der Ärzte galten uns zwar als unerreichbar, aber mit ihrem stümperhaften Spielfilm *Richy Guitar* (R: Michael Laux) erschienen sie uns doch auch irgendwie, irgendwo, irgendwann anschlussfähig. Der Punk-Gedanke »Das kannst du auch« manifestierte sich in uns. Der von den Ärzten als »Jugendsünde« verachtete Streifen aus dem Jahr 1985 sah ursprünglich die Berliner Band Plan B als Protagonisten vor und sollte den Geist Westberlins zu Beginn der 80er einfangen. Gastauftritte haben Nena, Notorische Reflexe, tatsächlich auch Plan B, sowie die spätere Ärzte-Managerin (sic) Axel Schulz – noch unter seinem Geburtsnamen Axel Knabben. Die Ärzte stellen hier in Grundzügen ihren Werdegang nach und versuchen in der dauergrauen Mauerstadt, ihren desolaten Alltagsjobs als Hamburgermaskottchen und lebender Gabelstapler mit Musik zu entkommen. Wir sprachen die Dialoge auswendig mit. Wahrscheinlich habe ich bis heute keinen Film häufiger gesehen. Das mag aber auch daran liegen, dass man als Jugendlicher sehr viel Zeit für Wiederholungen hat.

Die Bruchbuden, in denen die Band dort lebte, die unkonventionellen Straßenmusiker, die Plattenläden – alles in der Szenerie dieser Berliner Gelassenheit, das hatte uns beflügelt. Welchen Einfluss Die Ärzte selbst mit ihren Tiefpunkten ausübten! Es ist höchste Zeit für eine Rehabilitation von *Richy Guitar*.

Wir hatten aufgeschnappt (und bestimmt nicht im wöchentlich nur für wenige Minuten verfügbaren Internet gelesen), dass Die Ärzte noch vor ihrer ersten Bandprobe die Stadt mit »Bald: Die Ärzte«-Aufklebern tapeziert hatten, und so taten wir es ihnen gleich. Das waren eben unsere Abenteuer, »I need excitement, oh I need it bad«, wie Feargal Sharkey in der Jugendhymne »Teenage Kicks« seiner Undertones singt. Wann immer möglich reisten wir mit dem Wochenendticket in den Sehnsuchtsort Berlin. 2003 stand dann Farin Urlaub in der Kassenschlange eines Kaiser's-Supermarkts am Potsdamer Platz vor mir. Potzblitz, dachte ich da, Potzdamer Blitz, und unternahm ansonsten – wie es sich gehört – nichts.

Fünf Jahre später richtete ich erstmals das Wort an ihn – in meinem neuen Leben als Rockredakteur. Die Titelzeile eines

WOM-Journals von 1994 über die langerwartete Rückkehr der Stone Roses hatte sich in meinem Kopf eingenistet und mit ihr sprach ich Farin an: »Eine Legende wird Wirklichkeit!« »Wieso? Bist du so legendär?«, entgegnete mir dieser breit grinsend und setzte mir an einem superheißen Tag im Hamburger Schanzenviertel sein drittes Solo-Album *Die Wahrheit übers Lügen* auseinander. Die ganzen Ärzte hatte ich bereits im Sommer davor beim österreichischen »Frequency«-Festival aus nächster Nähe erlebt. Ein Gespräch bot sich allerdings nicht an, ich hatte auch anderes zu tun: Als Praktikant der Musikzeitschrift *Musikexpress* sollte ich Autogrammstunden mit den auftretenden Acts organisieren. Neben den üblichen Vertretern aus dem Indie-Lager wie The View und Eagles of Death Metal gab es unerwartet auch eine Zusage der Headliner Die Ärzte. Die wollten diese Sensation aber nicht groß beworben haben; eine Ankündigung auf einer Kreidetafel eine Stunde vor der Signiersession sollte genügen.

Spontanaktionen wie diese stehen dem Wunsch der Band nach Planungssicherheit gegenüber, ihrem unbedingten Willen, Kontrolle über sich und ihren Output zu bewahren. Um sich von der Musikindustrie weitgehend unabhängig zu machen, gründeten sie 1998 sogar ihr eigenes Label Hot Action Records, das einzig und allein ihre Veröffentlichungen betreut. Auch nach der Pfeife der Medien tanzen sie nicht, sie pfeifen auf die Pfeife: Bildmaterial kommt etwa seit Jahr und Tag ausschließlich aus dem Hauptquartier der Band; eigene Fotoproduktionen, wie sie für große Magazingeschichten zum Tagesgeschäft gehören, sind nicht vorgesehen. Konzertfotografen müssen Erklärungen unterschreiben, wonach sie unter anderem Bilder nicht an die Springer-Presse verkaufen dürfen und sich dazu verpflichten, nur im sogenannten Fotograben zu arbeiten und dies auch nur während der ersten drei Songs (was die Band zuweilen dazu verleitete, genau diese Stücke maskiert zu spielen). Auch auf Social Media verzichten Die Ärzte getrost, bei Facebook und Instagram sucht man sie vergebens; zeiDverschwÄndung, ham'se nicht nötig. In ihrem Fall läuft das Spiel andersherum: Die Medien brauchen Die Ärzte, denn die garantieren hohe Verkaufs- und Klickzahlen. Vor diesem Hintergrund ist es erstaunlich, wie bereitwillig die Band immer noch für Interviews zur Verfügung steht – wovon nicht zuletzt auch dieser Band profitiert. Sie müssen eben Bock haben. Für alles andere gilt, wie Bela mantraartig in »Punk ist …« wiederholt: »Ich tu's nicht!« Für dieses Vertrauen auf das eigene Urteilsvermögen lieben wir Die Ärzte im Wesentlichen, weil uns diese Ungebundenheit inspiriert. Weil das die Faszination eines Rockstars ausmacht, der unsere Träume von einer wilden, selbstbestimmten Existenz auslebt, damit wir das nicht selbst tun müssen.

Sind die Ärzte die beste Band der Welt? Vielleicht; an manchen Tagen auf jeden Fall. Sind sie die beste Band Deutschlands? Zumindest gibt es hierzulande kaum weitere Bewerber für diese Stelle. Sind sie die originellste, ja die freiste Band dieses Landes? Aber so was von! »Diese eine Liebe wird nie zu Ende gehen.« Auf den folgenden Seiten werde ich das Phänomen Die Ärzte kritisch ergründen und versuchen, die ungeheure Strahlkraft, die von dieser Band ausgeht, nachvollziehbar zu machen. Da bereits wunderbare Biographien vorliegen und sich die knapp 40-jährige Geschichte der Band dagegen sträubt, in (nicht mehr ganz) 100 Seiten von Ä bis Z gepresst zu werden, hebt dieses Buch stattdessen exemplarische Aspekte hervor, die zusammengefasst dann doch ein ganzheitliches Bild der Ärzte ergeben sollen.

»Super Drei« – Wie wurden Bela, Farin und Rod zu BelaFarinRod (und wer sind Sahnie und The Incredible Hagen)?

Sie küssten sich (zum Beispiel Ende 2007 auf der Bühne in Düsseldorf) und sie schlugen sich (zum einzigen Mal 1982 nach einem Interview für das Fanzine *Hirtenbrief*): Das Fundament der Ärzte ist die Beziehung zwischen den beiden Hauptsängern und -songwritern, Gitarrist Farin Urlaub und Schlagzeuger Bela B. Nur im Aufeinandertreffen dieses gerne bis ins Cartoonhafte überspitzt dargestellten Gegensatzpaares – hier der sonnenstrahlende Strandjunge, da der gespenstische Grufti – entfaltet sich der Zauber der Ärzte – Äbrakadabra. Im doppeldeutigen Titel ihres 2020er-Albums *Hell* finden diese Charakterisierungen ihren vollendeten Ausdruck: Der *hell*e Farin und der dunkle Bela like a bat out of *hell*. Mit ihren Solo-Arbeiten konnten die beiden, trotz einzelner Glanzlichter, nie die Wirkung erzielen, zu der sie als Team, als »Keinen blassen Schimmer«-Twins, wie sie sich in Anspielung an die Glimmer Twins Jagger/Richards nennen, in der Lage sind. Schwarz und Weiß brauchen einander. Wer sind die zwei also?

Farin Urlaub

Farin Urlaub kommt am 27. Oktober 1963 als Jan Ulrich Max Vetter zur Welt. Zunächst lebt er mit seiner jungen Mutter in einer politisch aktiven Multikulti-WG in Berlin-Moabit, einem Arbeiterviertel mit hohem Migrationsanteil. Tagsüber studiert seine Mutter auf Lehramt, nachts verkauft sie Rosen in Kneipen. Jan ist oft auf sich selbst gestellt. Sein Vater verbringt viel Zeit im Ausland und besucht sie selten. Bald lässt sich die Mutter scheiden und heiratet einen etwas biederen Schulkollegen. Mit dem wird Springinsfeld Jan nie recht warm. Zur Einschulung zieht die Familie ins grünere Frohnau, wo sie sich mit einem Hauskauf allerdings finanziell übernimmt. Jan lernt früh, mit wenig Geld auszukommen. Seine Freizeit verbringt er vor allem mit exzessivem Lesen. Eine ältere Nachbarin bringt ihm das Gitarrenspiel bei, weigert sich aber, mit ihm Lieder seiner geliebten Beatles einzustudieren. So wird Jan zum Autodidakten. Sein Musiklehrer an der Schule rät ihm zwar von einer Karriere als Musiker ab. Doch auf dem Schulhof verkauft er bereits 1978 erfolgreich (80 Prozent der Gesamtauflage von zehn Stück) seine Demo-Kassette *Spaß und Angst*, auf der eine frühe, jedoch weit ausgearbeitete Fassung von »Der lustige Astronaut« zu hören ist – damals schon mit der schrägen Betonung des Worts »werde«. Ebenfalls auf der Tracklist: das Stück »Ein überdimensionales Meerschwein frisst die Erde auf«; später wäre *Planet Punk* (1995) beinahe so genannt worden. Noch viel später, 2001, nennt der Autor Markus Karg sein Standardwerk über Die Ärzte so. Mit 16 Jahren begibt sich Jan auf ausgedehnte Klassenfahrt nach London, ernährt sich dort von McDonald's-Abfällen, verliert sein Herz an den Punk und lässt sich eine Frisur verpassen, die einem Irokesenschnitt immerhin nahekommt. Gängigen Punk-Klischees entzieht er sich indes: Bis heute hat Jan maximal einen Mundvoll Alkohol zu sich genommen – und selbst die Existenz dieses einzigen Schlucks ist umstritten. Sein Abitur besteht er am Georg-Herwegh-Gymnasium in Berlin-Hermsdorf mit einem passablen Notendurchschnitt von 2,6. Musiknoten kann Jan übrigens bis heute nicht lesen – doch hier ist er in guter Gesellschaft, etwa mit Jahrhundertgitarristen wie Keith Richards oder Slash. Zu seinen großen Einflüssen zählen die mit der Muttermilch aufgesogenen Beatles, Frank Zappa, Depeche Mode und Johnny Cash, der auch von Bela B verehrt wird.

Bela B

Bela B wird am 14. Dezember 1962 unter dem Namen Dirk Albert Felsenheimer geboren, zusammen mit seiner Zwillingsschwester Diana. Wie Jan wächst er am Berliner Stadtrand auf, allerdings etwas westlicher in Spandau, wo er sich mit dem reaktionären bis rechtsgerichteten Gedanken»gut« vieler seiner Mitbürger herumschlagen muss. Seine Eltern trennen sich, als die Geschwister fünf Jahre alt sind. Die Kinder bleiben bei ihrer Mutter, der Vater zieht nach Köln, wo ihn Bela häufig während der Schulferien besucht. Dort kommt er mit Comics in Berührung, eine Leidenschaft fürs Leben beginnt. So betreibt er ab 1996 für zehn Jahre den Leipziger Comicverlag Extrem Erfolgreich Enterprises, bei dem 2001 auch der Ärzte-Comic *Geschichten aus der Die Ärzte: Angriff der Fett-Teenager* erscheint. Als Dirk 14 Jahre alt ist bricht sein Vater den Kontakt zur Familie ab, unterlässt auch die Unterhaltszahlungen. Seine Mutter wird später erneut heiraten. Als Jugendlicher ist Dirk dem Glamrock verfallen, hört vor allem Kiss, The Sweet und Suzi Quatro, aber auch ABBA. Die Beatlesliebe seines Musiklehrers löst in ihm eine lebenslange Verachtung der *Fab Four aus.* Er empfindet die Ehrfurcht als autoritär, obwohl er die künstlerische Leistung der Band absolut anerkennt. In der durch Christiane F. bundesweit bekannt gewordenen Diskothek S. O. U. N. D. nimmt er LSD und findet Gefallen an Heavy Metal. Bei einem Freund seiner Schwester sitzt er erstmals am Schlagzeug, bald darf er ein Drum-Kit sein Eigen nennen. Geübt wird in einer von seinem Stiefvater gepachteten Tankwartswohnung einer leerstehenden Tankstelle. Nach seinem Realschulabschluss beginnt Dirk eine Ausbildung zum Polizisten, die er allerdings nach zwei Wochen abbricht. Über eine Zeitungsanzeige lernt er die Mitglieder seiner ersten Rockband, Empire, kennen. Danach spielt er in Gruppen wie Wild in the Streets und Kawumm. Silvester 1979 besucht er sein erstes Punkkonzert. Im Schöneberger Quartier Latin treten Bands wie White Russia auf. Deren Schlagzeuger ist Uwe Hoffmann, der zum langjährigen Produzenten der Ärzte wird. Mit dem späteren Autorenfilmer und Schauspieler Hussein Kutlucan (*Ich Chef, Du Turnschuh*, 1998) und Bernd van Huizen, denen Dirk mit seinen pechschwarzen Haaren als Lagerarbeiter in einem Edeka-Supermarkt auffällt, ruft er 1980 die nach dem 1973er-Sci-Fi-Klassiker *Soylent Green* (dt.: *… Jahr 2022 … die überleben wollen*) benannte Punkgruppe Soilent Grün ins Leben. Loveparade-Erfinder Dr. Motte bewirbt sich bei ihnen vergebens als Drummer. Einen weiteren später wichtigen Kulturschaffenden lernt Dirk im Rahmen einer Lehre zum Schaufensterdekorateur bei Hertie kennen. In einer Kreuzberger Berufsschule trifft er auf Jörg Buttgereit, der dank kontroverser Filme wie *Nekromantik* (1987) heute als der wichtigste Horrorfilmregisseur Deutschlands gilt. Nach Ablauf seiner Probezeit wird Dirk gekündigt. Die belastenden (kein Wortspiel beabsichtigt) Kapitel seiner Jugend blättert Bela später in »Ist das alles?« nochmals auf: »Ich dachte, ich muss sterben, als mein Vater mich verstieß. / Und als mein Chef mich rauswarf, / weil ich faul war, wie es hieß.«

Farin und Bela: Die diabolischen 2

Am 4. März 1981 kreuzen sich erstmals die Wege von Jan und Dirk in der Disco Ballhaus Spandau. Für 50 Pfennig Eintritt läuft dort mittwochs immer eine Stunde Punkrock, die verlässlich auf Phil Collins' »In The Air Tonight« endet (die für 2021 geplante Tour der Ärzte heißt »In The Ä Tonight«). Der geschichtsträchtige Dialog lautet wie folgt: »Na, was machst'n du so?«, fragt Jan, worauf Dirk antwortet: »Ich bin Schlagzeuger in 'ner Band und wir suchen noch 'nen Gitarristen.« Soilent-Grün-Gitarrist Kai-Uwe Schmidt hatte gerade die Band verlassen müssen, nachdem ihm im Zuge einer Prügelei mit Skinheads im Kreuzberger Club KZ36 die Gitarre entwendet wurde. Jan verlässt das Ballhaus als dessen Nachfolger. Hier empfiehlt es sich, kurz innezuhalten und sich vorzustellen, wie die Musikgeschichte ohne den Butterfly-Effekt dieses Diebstahls verlaufen wäre. Möge man die Weitsicht haben, sich dies ins Gedächtnis zu rufen, wenn einem nach der nächsten Fahrt in einer überfüllten U-Bahn wieder mal das Handy fehlt. Aber zurück in die Vergangenheit: Das erste Konzert mit Jan spielt die Band am 30. Mai auf einem Krankenhausgelände in Spandau – die späteren Ärzte sollten also im Umfeld einer Heilstätte zum ersten Mal gemeinsam auf einer Bühne stehen!

Jan steuert Songs wie »Spitz wie Lumpi« bei, »Guns of Brixton« von The Clash mit deutschem Text. Schnell bilden Jan und Dirk die Spaßfraktion in der Gruppe, liefern sich *on stage* alberne Dialogduelle, die bis heute die Shows der Ärzte prägen und ausufern lassen. Doch es kommt zum Konflikt mit Hussein, dem die beiden nicht politisch genug sind. Nach den Bandproben begleitet Dirk Jan regelmäßig zu dessen Bushaltestelle am Rathaus Spandau. Auf diesem Weg entwickeln sie die Idee einer Popband-Parodie. Auch der Name steht bald – jeder braucht schließlich: Die Ärzte. Da Dirk und Jan eher dysfunktionalen Familien entstammen, suchen sie nach Ersatz. Eine einzigartige Freundschaft entsteht. Ein »eheähnliches Verhältnis«, wie Farin 2012 dem Portal *Prinz.de* sagt. Nach der ersten und letzten Tonträgerveröffentlichung von Soilent Grün, die wie eine Chinaböller-Detonation in einer Rumpelkammer voll verstaubter Tangoplatten klingende *Die Fleisch* EP von 1982, stoßen sich Dirk und Jan endgültig ab. 38 Jahre später verwenden sie das Titelbild dieser EP mit dem eingenickten Vater Jörg Buttgereits erneut für die Frontansicht der Single-Veröffentlichung *Morgens pauken*. Schlicht und ergreifend, um die Fans zu verwirren: Schließt sich hier ein Kreis? Ist das Ende nah?

Den Anfang vom Ende von Soilent Grün begründet jedenfalls das Abschiedskonzert in der Kreuzberger Punk-Institution SO 36 am 30. April 1982. Tags darauf, am Punkfeiertag, dem 1. Mai, Tag der Arbeit, löst sich die Band auf und macht Platz für Die Ärzte. Wenig später stößt der am 12. Juni 1964 in eine wohlhabende Familie geborene Hans Runge, der wie Jan das Herwegh-Gymnasium besucht hatte, von den Fun-Punks Frau Suurbier als Bassist zur Band. Ähnlich wie Bill Wyman aus Equipment-Gründen als Basser zu den Rolling Stones kam – dessen Vox-AC30-Verstärker hatte die Arbeitgeber überzeugt – war es auch bei Runge primär die technische Ausstattung, die ihm zum Job verhalf: Er verfügte über einen Übungsraum, ein Aufnahmegerät und einen gelben Post-VW-Bus, sozusagen der erste Tourbus der Ärzte. Da sich keiner der drei die Rolle des Sängers zutraut, wendet man sich an den Wolfsburger Max Müller. Der ist damals Teil der nach dem Serienmörder Fritz Honka benannten Punkband Honkas (2016 erzählt der spätere Ärzte-Intimus Heinz Strunk Honkas Geschichte in seinem Roman *Der goldene Handschuh*). Insbesondere Dirk entwickelt eine tiefe Freundschaft zu Max. Diese geht so weit, dass die beiden eine Gang gründen, die »Vollstarken«, und sich den Begriff im Wohnzimmer von Dirks Eltern selbst tätowieren. Doch zur Probe für das erste Konzert der neuen Gruppe am 26. September im Besetzereck, einer Kneipe im Erdgeschoss eines besetzten Hauses am Kreuzberger Heinrichplatz, erscheint Max nicht. 1986 wird er die bedeutende Gruppe Mutter gründen. Kurzerhand singt das verbliebene Trio selbst. Damals verfügt die Band schon über einen Fundus aus 18 Eigenkompositionen, unter anderen »Teenager Liebe« und »Zitroneneis«. Das Live-Debüt der Ärzte bestätigt sie in ihrer Richtung. Sie provozieren das puristische Punkpublikum mit der Selbstbezeichnung als Popband, damals ein schlimmes Wort in diesen Kreisen. Den Besuchern ist nicht zum Lachen zumute, es wird geprügelt.

Zur selben Zeit sind Jan und Dirk auf Wohnungssuche. Denn Jan steht auf der Straße, nach einem kurzen Experiment in einer Pärchenwohnung mit seiner Freundin Sabine. Für Dirk wird es dagegen Zeit, das Elternhaus zu verlassen. Dirks Mutter vermittelt ihm schließlich eine kleine Zweizimmerwohnung in der Charlottenburger Niehburstraße 38b, Monatsmiete: schlappe 170 DM. Trotz der Wohnfläche von nur 28 m² zieht auch Jan ein. Fortan sind die beiden Tag und Nacht Die Ärzte, ernähren sich von Fischstäbchen und Kartoffelbrei. In der Toilette installieren sie eine an Jans Plattenspieler angeschlossene Lautsprecherbox, um den jeweils anderen bei seinen Geschäften mit verhassten Songs akustisch zu terrorisieren. Zum Beispiel mit Bettina Wegners »Kinder«, Klaus Lages eingangs erwähntem »1000 und 1 Nacht (Zoom!)« oder Stücken der Mittelalterband Ougenweide. Mit der Super-8-Kamera von Dirks Mutter nutzen sie die WG als Drehort für Trashfilme wie *Karl – The Human Insect* und *Das unheimlich grauenhafte Schlüsselbund*, die 2009 mittels der Ärzte-DVD *Overkiller* einer größeren Öffentlichkeit präsentiert werden. Seinen Eltern zuliebe schreibt sich Jan für Archäologie an der Freien Universität Berlin ein, bricht sein Studium aber schon nach einem Tag ab. Mittellos und verwirrt, was seine Zukunft angeht, beschließt er wie so oft die Flucht nach vorn und reist nach London, damals sein geistiges Mekka. Dort unterbreitet ihm ein Freund ein dubioses Jobangebot. Als Jan nach Berlin zurückkehrt und Dirk von seinem Plan unterrichtet, nach London umzusiedeln, ist dieser schwer enttäuscht, denn er hatte große Hoffnungen in Die Ärzte gesetzt. Schließlich einigt man sich auf eine dreimonatige Auszeit Jans. Dirk steigt umgehend bei Frau Suurbier ein, bei denen auch Hans weiterhin spielt. Zusammen mit Ex-Soilent-Grün-Mitglied Hussein formieren sich kurzzeitig Hussi & Die Fickboys. Auf der Suche nach Ärzte-Ersatz gerät der umtriebige Dirk auch an eine Gothic-Band, die seinen modischen Stil künftig stark beeinflussen soll. So beginnt er seine Haare grotesk hoch zu toupieren. Aber auch was Gesang und Songwriting betrifft: Ist Jan in der Regel für die lichtdurchfluteten Hits zuständig, erhebt Dirk eher die Grabesstimme, gibt sich als »Dein Vampyr«, singt über den aus der Zeit gefallenen »Der Graf« und führt ins »Mysteryland«. In London findet Jan unterdessen nicht, wonach er sucht. Nach nur zwei Wochen verlässt er sein Exil desillusioniert. Nun gilt die volle Konzentration den Ärzten.

Deren erste Veröffentlichungen finden sich auf dem 1983er-Suffsampler *Ein Vollrausch in Stereo – 20 schäumende Stimmungshits*, der mehr als eine Lüge im Titel enthält, so zählt die Platte etwa nur 16 Stücke. Die Ärzte veralbern das Konzept – Humba-Täterä mit durch die Wangen gezogenen Sicherheitsnadeln – und steuern ausschließlich alkoholfreie Songs wie »Vollmilch« bei (»Du trinkst Whiskey / Er trinkt Bier! / Ich trink' Vollmilch!«). Hinter den Tangobrüdern auf der Tracklist verbergen sich Hans, Andreas »Campino« Frege, sowie der spätere Drummer der Toten Hosen, Wolfgang »Wölli« Rohde. Im Gegensatz zu den Ärzten liefern sie keine Themaverfehlung ab, sondern stoßen mit Korn zum Frühstück an und wissen zum Zapfenstreich bereits in der frühen Version des späteren Hosen-Trinklieds »Bis zum bitteren Ende« »ganz genau / Ohne Alk da wäre der Alltag zu grau«. Bereits hier ist der grundlegende Unterschied der beiden, auf ewig miteinander verglichenen Bands zu erkennen: Herrscht bei den Hosen selbst im Unfug der Bierernst, operieren Die Ärzte auf einer ironischen Ebene darüber. Zu dieser Zeit adaptiert Hans den Künstlernamen »Sahnie« als Reaktion auf den damals mit Süßigkeiten der Marke »Campino« um sich werfenden Andreas. Sahne- vs. Fruchtbonbon. »Der Name Sahnie ist völlig bescheuert, passt aber zur Band«, sagt er dazu.

Anlässlich der Compilation melden sich Jan und Dirk bei der GEMA an und geben sich in diesem Zuge Künstlernamen: Aus dem reisebegeisterten Jan wird Farin Urlaub. Die Großartigkeit dieses Alias lässt sich an der verblüffend hohen Zahl an

Mitmenschen ablesen, denen das Wortspiel seit Jahrzehnten entgeht. Gruselfan Dirk treibt fortan als untoter Bela B sein Unwesen. Der Vorname bezieht sich auf den Dracula-Darsteller Bela Lugosi, der damals ein Comeback als Titelfigur des Bauhaus-Hits »Bela Lugosi's Dead« feiert. Außerdem bedeutet sein zweiter Vorname Albert im Ungarischen ohnehin Bela. Der minimalistische »Nachname« – bis 2009 Eigenschreibweise mit Punkt – steht sowohl für seinen Spitznamen »Barney«, der durch die Ähnlichkeit seines bürgerlichen Familiennamens mit dem von Fred-Feuerstein-Kamerad Barney Geröllheimer zustande kam, als auch für seine Liebe zu B-Movies.

Nach dem Sampler ist es an der Zeit für die erste eigene Platte der Ärzte. Jans Mutter finanziert mit 2000 DM die selbstproduzierte, beim Minilabel Vielklang erschienene EP *Zu schön, um wahr zu sein*, mit Stücken wie »Grace Kelly« und »Anneliese Schmidt« zeigt sie erneut, dass sich Die Ärzte als Antithese zu den Politpunks ihrer Umgebung verstehen. Statt gedroschener Powerchords und gebrüllter Aufstachelung gibt es hier fein abstrusen Humor und harmoniegetränkten Rock 'n' Roll der 50er und frühen 60er. Im Juli 1983 geben Farin und Bela als Die diabolischen 2 ein Konzert im Berliner Kulturzentrum Kuckuck, bei dem sie bewusst schlecht spielen, um das Publikum zu triezen. Im November gewinnen Die Ärzte den Senatsrockwettbewerb der Stadt Berlin. Vom Preisgeld in Höhe von 10 000 DM kauft sich Farin das Imitat einer Gretsch-Gitarre, für Bela gibt es eine Gitarre in Axtform seines Kiss-Idols Gene Simmons, sowie ein Headset-Mikrofon. Im senatseigenen Beat-Tonstudio dürfen sie die nächste EP aufnehmen. *Uns geht's prima ...* erscheint im Mai 1984 und fällt um einiges softer als der Livesound der Band aus, wovon man sich größeren kommerziellen Appeal verspricht. Das sich durch den Bandnamen anbietende große rote Kreuz auf dem Cover entzieht sich dem Gefallen des Deutschen Roten Kreuzes, das mit einer Klage droht. Die Ärzte ergeben sich und veröffentlichen das Mini-Album künftig mit andersfarbigen Kreuzen. Der einflussreiche Fotograf und Manager Jim Rakete, der schon seine Sekretärin Gabriele Susanne Kerner zum Teenstar Nena gemacht hatte, verhilft der Band schließlich zum Plattenvertrag mit dem Majorlabel CBS. Um ihren neuen Arbeitgeber zu beeindrucken, liefert die Band statt der vereinbarten EP ein komplettes Album ab: Anfang November erscheint *Debil* und der Rest, ja, der ist Geschichte.

Sahnie

Die gemeinsame Geschichte mit Sahnie steht da bereits vor dem Aus. Etablierte *Debil* auf seinem Artwork die zwei Chefärzte noch gemäß ihrer Stereotype – Bela als schneidiges Schattenwesen, Fernweh-Farin als Wave-Punk im Hawaiihemd (der nicht so genau definierte Sahnie zwischen den beiden versteckt), wies die in *Devil* umbenannte Wiederveröffentlichung der Platte 30 Jahre später auf den ersten Bruch in der Band hin – natürlich in Ärzte-typischer Manier. Bela und Farin wurden Teufelshörner hinzugephotoshoppt, Sahnie bekam einen Heiligenschein verpasst. Schon *Richy Guitar* zeigte die Entfremdung Sahnies – in seiner banal benannten Rolle Hans – vom Kern der Band (Farin heißt im Film Richard »Richy« Schrader und Bela, als Referenz an den Assistenten von Dr. Frankenstein, Igor). Immer wieder kommt es in der Story zu grundlegenden Auseinandersetzungen zwischen Farin und Bela auf der einen und dem zunehmend isolierten Sahnie auf der anderen Seite. Den Aufnahmen zum zweiten Album, dem nach einem Fanvorschlag benannten *Im Schatten der Ärzte*, bleibt Sahnie zumeist fern. Er widmet sich lieber seinem Wirtschaftsstudium. Bela und Farin wachsen dadurch noch enger zusammen, entwickeln parallel dazu ihre konträren Bühnenfiguren aber stärker aus. Produzent Micki Meuser spielt nahezu alle Bassparts ein. Den einprägsamsten Basslauf im Werk der Band, der des Openers »Du willst mich küssen«, nimmt nach mehreren gescheiterten Experimenten Sahnies Basslehrer, Lutz Fahrenkrog-Petersen, Bruder des Nena-Keyboarders Uwe, auf. Nena singt in der LP-Version übrigens die Zeile »... am besten heute Nacht«. Mitten in der Tour kommt es zum großen Zoff: Während eines Berlinkonzerts schnauzt Sahnie Bela an: »Halt's Maul und spiel!« – 1999 sollte die zweite CD des Doppel-Livealbums *Wir wollen nur deine Seele* den Titel dieses Imperativpärchens tragen. Beim Ausgehen teilt Sahnie Belas damaliger Freundin mit, wie er die Situation der Band einschätzt: Farin sei das musikalische Genie, er der Geschäftsmann und der häufig verkaterte Bela verzichtbar. Nicht konfliktscheu droht er Bela sogar später direkt, ihn durch Wölli zu ersetzen, wenn er nicht disziplinierter arbeite. Man müsse jetzt ans Geld denken und auf Radio-Pop setzen. Es kommt zur Aussprache zwischen den Ärzten in einem Café. Bela, noch angeschlagen von der Nacht zuvor, lässt wie üblich auf sich warten, aber Sahnie macht Farin schon mal klipp und klar, dass er die Band ausschließlich als Vehikel sehe, um gutes Geld zu verdienen und bei Frauen zu punkten. Generell hätten sich die Aktivitäten der Gruppe aber seinem Studium unterzuordnen, Tourneen sollten nur noch während der Semesterferien stattfinden. Farin verlässt kurzzeitig das Café, ruft den immer noch zuhause weilenden Bela an und verkündet ihm, sehr zu dessen Freude: »Gute Nachrichten, wir schmeißen Hans aus

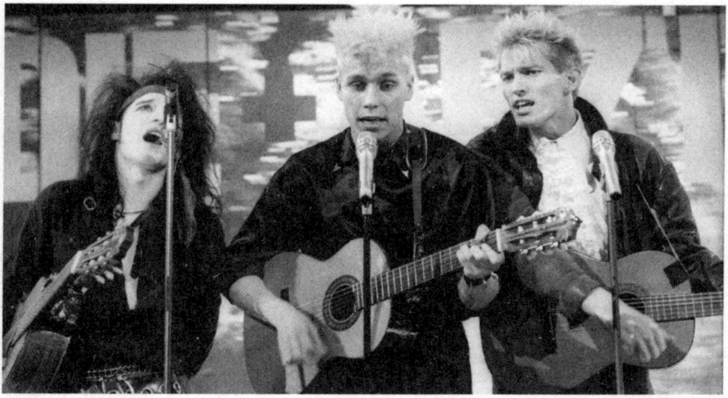

Bela, Farin und Sahnie (v. l.) 1985 in der TV-Show *Extratour*

der Band.« Am 1. Juli 1986 wird Sahnie vor die Tür gesetzt. Nach Verhandlungen zahlt ihm die Gruppe eine Abfindung in Höhe von 10 000 DM – eine andere Option wäre eine Umsatzbeteiligung an den ersten Platten gewesen, was damals aber noch wenig lukrativ erscheint. Den Fans wird erklärt, Sahnie müsse mehr Zeit für sein Studium finden, was nicht erlogen ist. Ein halbes Jahr darauf wird das nächste Album *Die Ärzte* ohne Sahnies Beteiligung veröffentlicht. Er hatte dem Songmaterial ohnehin nichts abgewinnen können. Auf dem Cover sind Die Ärzte als Duo zu sehen – auf Farins Unpunk-Motorrad. Als Bassist fungiert Produzent Manfred Praeker. Allerdings ist hier auch nicht Belas originäres Schlagzeugspiel zu hören – mit Ausnahme von »Wie ein Kind« und »Monsterparty«, das die Band aber noch 17 Jahre zurückhält, werden seine Sounds gesampelt und per Drumcomputer wiedergegeben. Es sind die 80er …

Sahnies Nachleben als Spottobjekt der Band stellt seine eigentlichen Beiträge in, eben: den Schatten der Ärzte. Sein im Streit gefallener Satz, wonach man ihm gar nicht kündigen könne, die Band brauche schließlich sein Gesicht, wird zahlreich aufgegriffen. Am frechsten mit der Titelgestaltung der 1989er-Compilation *Die Ärzte früher!*, eine Zusammenstellung der Songs aus den Sahnie-Jahren, das die gezeichnete Band auf dem Cover zeigt: An Sahnies Stelle kritzelt Farin aus dem Stegreif einen Elefanten. Noch 1998 singt Bela in »Bravopunks«: »Farin, Bela, ihr seid Schwule! / Sahnie ist der einzig Coole!« und sogar im Hidden Track »Hände innen« des 2003er-Doppelalbums *Geräusch* heißt es: »Und Du denkst sicher nicht: ›Die brauchen Sahnies Gesicht!‹« Über den weiteren Werdegang Sahnies ist wenig bekannt: 2001 äußert er sich in der Bandbiographie Markus Kargs und gibt an, mit seinem neuen Leben als Geschäftsführer eines Hightech-Unternehmens in Malaysia sehr glücklich zu sein. »Die Realität ist härter und verantwortungsvoller, aber auch viel spannender als (sic) ›Teil‹ eines Produktes namens ›Die Ärzte‹ auf der Bühne zu stehen und von 13-jährigen Mädchen angehimmelt zu werden.« Medienberichten zufolge ist er heute für einen Solartechnikanbieter in Bremen tätig. Sahnies ursprünglich angedachte Solokarriere geriet zum Schuss in den Ofen: Noch 1989 veröffentlicht er beim Major EMI ein Fun-Punk-Soloalbum namens *Erzste Sahne* – was wie das peinlich betitelte Solodebüt des geschassten Beatles-Drummers Pete Best, *Best of the Beatles* wirkt. Eine Auto-Demütigung, die zudem auch Die Ärzte erbost. Denn von der EMI hatten sie sich erbeten, auf die Nennung ihrer Band bei der Promotion der Platte zu verzichten. Der Werbespruch heißt dann: »Ein Arzt kehrt zurück«. Auch die Fans wüten, stellen etwa Bela Kopien der Platte, auf denen

Sahnies Konterfei die Augen ausgekratzt sind, als »Geschenk« vor die Wohnungstür. Das Album floppt – allein schon, weil zu viel Zeit vergangen war. Zwischen seiner Trennung von den Ärzten und dem kurzen Solo-Trip liegt noch die komplette Karriere des zweiten Band-Bassisten.

The Incredible Hagen

Der am 18. Februar 1961 geborene Hagen Liebing spielt noch bei der Rockband The Nirvana Devils und wagt sich gerade an ein Journalistikstudium, als ihn seiner alter Punk-Bekannter Bela anruft und mit der Frage konfrontiert: »Hagen, willst du Popstar werden?« Hagen ist überrascht und sagt zu. Allerdings wird er auf eigenen Wunsch nie vollständiges Mitglied. Er zieht es vor, sich von der Band anstellen zu lassen, was einen verlässlichen Festlohn zur Folge hat. An Interviews und Aufnahmen muss er nicht teilnehmen. Man benötigt ihn vorrangig auf der Bühne. Und so hat er seinen ersten öffentlichen Auftritt mit der Band im Oktober 1986 im Rahmen des »Wir lassen uns das Singen nicht verbieten«-Benefizkonzerts für die Berliner Underground-Ikone Der wahre Heino, der vom wahren-wahren Heino verklagt wird. Vereinbarungsgemäß ist Hagen am einzigen in seinen Ärzte-Jahren erschienenen Studioalbum *»Das ist nicht die ganze Wahrheit ...«* nicht beteiligt, für den Bass ist Farin verantwortlich. Dabei prangt Hagens Konterfei stolz auf dem Backcover mit dem Vermerk »Feat. The Incredible Hagen«. Die Namenserweiterung ist ein Kompromiss, Hagen mag Hagen, Bela und Farin raten ihm aber zu einem witzigen Pseudonym. Dennoch steht er zu keinem Zeitpunkt unter der Fuchtel der anderen, die sich redlich Mühe geben, ihrem neuen Kollegen Achtung zu zollen. Ärzte-like über Gebühr. So wird Hagens Name auf Tourplakaten extragroß hervorgehoben. Als beim München-Gig ihrer Abschiedstour für den Konzertfilm *Die beste Band der Welt (… und zwar live!)* gedreht wird, stößt es Hagen jedoch sauer auf, dass es keinen auf ihn gerichteten Kamerakran gibt. Zum Ausgleich verspricht man ihm, dass beim Konzert in Hagen – wo sonst? – ein Kameramann nur für ihn engagiert wird. Nach der Trennung der Band 1988 bleibt man einander freundschaftlich verbunden. Kurzzeitig kommt es zwar zur Verstimmung, als Hagen für die Comeback-Besetzung gar nicht erst angefragt wird. Doch er akzeptiert die Entscheidung. 1997 liefert er für das Ärzte-Tribut-Album *GötterDÄmmerung* eine Coverversion von »Für immer«. 2002 geht er anlässlich des »15 Jahre Netto«-Jubiläumskonzerts der Ärzte für den Song »2000 Mädchen« auf die Bühne. Im Jahr darauf veröffentlicht er sein Buch *The Incredible Hagen – Meine Jahre mit »Die Ärzte«*. Liebing arbeitet als Musikjournalist, erst für den *Tagesspiegel*, dann für das Stadtmagazin *Tip*, wo er zum Leiter des Musikressorts aufsteigt. 2015 dann das Generationentreffen: Am Rande eines Gigs der Suurbiers im Berliner Gleisdreieckpark trifft Hagen auf Sahnie. Im Jahr darauf stirbt Hagen Liebing im Alter von 55 Jahren an einem Hirntumor. Die Ärzte verabschieden sich von ihm auf ihrer schwarz eingefärbten Homepage. »In einer kurzen, aber nicht unwichtigen Phase seines Lebens war er Bassist der besten Band der Welt. Nie wird jemand den Song ›2000 Mädchen‹ schöner ansagen können, als er es tat« – allein mit der von Farin und Bela überlassenen Mathematikübung »Wie viel sind 1000 Mädchen plus 1000 Mädchen?« bekam Hagen ein Dauerabo im Fanherzen. Seine Frau, die Radiojournalistin Anja Caspary, widmet sich Liebings Tod in ihrem 2020 veröffentlichten Bestseller *In meinem Herzen steckt ein Speer.* Liebings ausgleichender Charakter – dem gängigen Bassisten-Klischee entsprechend – war dem Bandgefüge gewiss zuträglicher als Hitzkopf Sahnie. Doch nennenswerte Fußspuren hinterlässt auch er nicht. Kaum zu glauben, dass sich nach der Reunion tatsächlich ein dritter Arzt neben oder zwischen den Polen Farin und Bela etabliert.

Rodrigo González

Rodrigo Andrés González Espíndola kommt am 19. Mai 1968 in der größten chilenischen Hafenstadt Valparaíso zur Welt. Die konkrete Angst vor – im mildesten Falle – politischer Verfolgung im Zuge des Militärputsches unter Augusto Pinochet zwingt die Familie in die Flucht. Unter dramatischen Umständen gelangt sie nach Hamburg, wo sie Asyl beantragt. Nach schwierigen Monaten in einem Flüchtlingsheim kehrt in der ersten Wohnung im Stadtteil Langenhorn etwas Ruhe in den Haushalt ein. Rod und seine ältere Schwester Claudia integrieren sich gut, lernen schnell Deutsch. Rod bringt sich selbst das Gitarre spielen bei und hört Classic Rock von den Beatles bis Queen und Pink Floyd. Doch dann macht ihn ein britischer Austauschschüler mit Punk bekannt. Vor allem der Hardcore-Sound von US-Bands wie Bad Brains und Dead Kennedys hat es ihm angetan. Sein Abitur besteht er auf dem Gymnasium Heidberg, das auch Slime-Gitarrist Michael »Elf« Mayer besucht. Rod ist durch zahlreiche Engagements in diversen Bands musikalisch umfassend aufgestellt. Im Juni 1984 sieht er Die Ärzte zum ersten Mal live, in der Hamburger Fabrik vor 120 Menschen. Vor allem die Parodie auf George Kranz'

Sample-Pop-Stück »Din Daa Daa (Trommeltanz)« schindet Eindruck bei ihm. Durch die immer synthetischer werdenden Produktionen der Gruppe verliert er aber bald das Interesse. 1985 spielt er parallel bei der Punkgruppe Massaker und in der Yamaha Big Band Hamburg unter der Leitung von Peter Herbolzheimer. Mit seiner Schwester gründet er ein Country-Duo, um die kleinkarierte Punkszene zu provozieren. Die Avantgarde-Punks der Goldenen Zitronen goutieren den Gag und so spielt Rod das tragende Banjo in ihrem Klassiker »Am Tag als Thomas Anders starb«. 1987 zieht er nach Berlin, steigt dort als Schlagzeuger bei Stephan Remmler ein, der schon das zweite Ärzte-Album hätte produzieren sollen, aus Zeitgründen aber ablehnen musste. Schließlich landet Rod als Gitarrist bei den Rainbirds und mit denen den Radio-Evergreen »Blueprint«. Die Ärzte verwursten diesen auf ihrer Abschiedstour mit anderen Chart-Hits der Stunde wie »When Will I Be Famous« von Bros oder Kylie Minogues »I Should Be So Lucky« in »Zu spät« – allerdings verballhornt als »Shoeprint«. Rod nimmt das amüsiert zur Kenntnis als Die Ärzte vor seinen Rainbirds im Rahmen des »Die Macht der Nacht«-Festivals in München spielen. Bei diesem Anlass lernt er auch Farin kennen, als dieser ihn bittet, ihm die Akkorde von »The Girl From Ipanema« zu zeigen, was Rod gerne macht. Beim letzten Konzert der Ärzte, am 9. Juli 1988, steht Rod mit den Goldenen Zitronen im Publikum. Hier spielt die Band statt dem Hitparaden-Medley allerdings eins aus Songs von Rocko Schamoni, den Goldenen Zitronen und sogar den Toten Hosen.

Rod lernt Bela schließlich in der Schöneberger Bar Sexton kennen. Die beiden verbrüdern sich in ihrer Liebe zu Kiss. Bela holt Rod und Rainbirds-Bassist Michael Beckmann zu seiner neuen Band S. U. M. P. (benannt nach der Figur Otto Sump, ei-

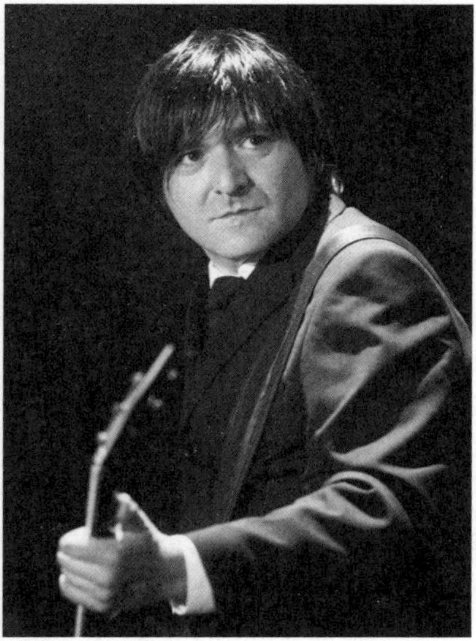

Rod 2007 bei Rock am Ring: »Gegen ihn, wissen wir jetzt, sind wir niederes Geschnetz«

nem »Gigant der Widerwart«, aus den *Judge Dredd*-Comics), zusammen entsteht das Album *Get Wise, Get Ugly, Get Sump* – mit einer Coverversion von Kiss' »Do You Love Me?«. Übrigens sollen Kiss Die Ärzte noch lange begleiten, bzw. andersherum: 1996 eröffnen Die Ärzte für Kiss auf deren Deutschlandtour. Rods nach der Kiss-Gefolgschaft »Kiss Army« benannte Website »Rod Army« geht 1997 sogar noch ein halbes Jahr vor der offiziellen Webpräsenz der Ärzte, Bademeister.com, online. Und 2001 veröffentlicht Rod den Kiss-Song »I'll Fight Hell To Hold You« als Disco-Remake. Aber bevor all das geschieht, bevor Rod als Arzt wiedergeboren wird, müssen Die Ärzte erst von uns gehen.

»Zum letzten Mal« – Eine Band löst sich auf

Zu Stadienfüllern mutieren Die Ärzte erst in den 90ern, doch bereits in den 80ern sind sie eine beträchtliche Größe, oder wie es Bela damals in »Popstar« formuliert: »Und schon bin ich der Ultimate Star, / the King of Rock, the Mister Wunderbar«. In der zweiten Hälfte des Jahrzehnts beginnt ihr Reifeprozess: Mit den dunkleren, von damals angesagten Goth-Bands wie The Sisters of Mercy inspirierten Songs ihres dritten Albums *Die Ärzte* emanzipieren sie sich sacht vom Schelmentum. Die Fans ziehen mit und werden immer mehr. Auf Vorschlag Hagens nimmt die Band »Gehn wie ein Ägypter« auf, die deutschsprachige Coverversion eines Bangles-Hits. Erstmals gibt es auch einen Videoclip und Die Ärzte landen 1987, ebenfalls Premiere, in den Singles-Charts, Platz 44. Im Jahr darauf steht ihr viertes Album *»Das ist nicht die ganze Wahrheit ...«* in den Top Ten. In den (vor allem: Teenie-)Medien sind sie Dauerthema. Und doch ist ihr Split bereits absehbar. Wieso macht eine Gruppe in voller Blüte Schluss, zu einem Zeitpunkt, in dem sich der ganz große Erfolg nicht mehr aufhalten lässt?

Frustriert von der stetig wachsenden Erwartungshaltung des stetig wachsenden Publikums stellt Farin während eines gemeinsamen Zypernurlaubs im Mai 1987 mit Bela das Aus der Ärzte in den Raum. In Stefan Üblackers Bandbiografie *Das Buch ä* (2016) erzählt Farin: »Ich schlug die Auflösung nicht vor, weil ich uns in irgendeiner Sackgasse sah, sondern wirklich und wahrhaftig nur, weil ich das so absurd fand und weil sich das niemand sonst getraut hätte. Auch in Sachen Lebensplanung ist das ja wie sich selbst ein Bein zu stellen.« Der anfängliche Schock mündet in eintägiger Bedenkzeit, dann ist Bela überredet. Nach ihrer Rückkehr nach Deutschland informieren sie ihre Plattenfirma und Hagen. Mit Bedauern wird die Entscheidung hingenommen. Bela und Farin ist wichtig klarzustellen, dass es nicht die gängigen »künstlerischen Differenzen« sind, die sie auseinanderbringen. »Ich sehe mich nicht als ernsthafter Popstar«, sagt Farin damals dem *Musikexpress*. »Dirk zum Beispiel könnte völlig alleine auf der Bühne stehen, er hat das Zeug zum Star, der wird seinen Weg machen«. Farins Weg hingegen soll ihn ganz weit weg führen, »Guatemala, Süd-Amerika, mal sehen«. Er habe nun die finanziellen Möglichkeiten, »eine Zeitlang zu tun wozu ich Lust habe.« Nach einem letzten Album und einer letzten Tour sollen diese neuen Wege beschritten werden.

In vielerlei Hinsicht schreibt diese Tour 1988 Geschichte: Das Motto »Die beste Band der Welt« wandelt sich zum Pseudonym der Ärzte, dazu wird der theatralische Bühnenvorhang eingeführt, der nach dem bewusst fehlerhaften, wieder mal an Kiss angelehnten Intro fällt: »Ladies and Gentlemen: Die beste Band der Welt! 10, 9, 8, 7, 6, 5, 5 (sic!), 4, 3, 2, 1!« Ihr Hit »Westerland« führt zur bürokratisch schwer realisierbaren Idee, das Abschlusskonzert nach drei Monaten *on the road* im für etwa 1000 Menschen ausgelegten Kursaal von Westerland zu geben, der Hauptstadt des Rentnerparadieses Sylt. In strömendem Regen reisen Farin und Bela stilecht auf Motorrädern an und werden von hunderten Fans zwischen Vorfreude und Trauer erwartet. Fünf Zugabenblocks lassen in denen die Hoffnung keimen, dass dieses Trennungstohuwabohu nur ein Scherz ist, wie man ihn den Ärzten absolut zutrauen würde. Nach dem allerallerletzten Song, »›Was hat der Junge doch für Nerven‹« beschwört das Publikum mit dem Outro-Chor die Band zum Weitermachen: »Mit uns kommt sowieso keiner mit, / denn wir sind Die Ärzte und wir sind zu dritt«. Doch als Die Ärzte mit feuchten Augen die Bühne verlassen und Edith Piafs »Non, je ne regrette rien« aus der Konserve trällert, kehrt die Gewissheit ein: Das war's, echt jetzt.

Immerhin ist es ein langsamer Tod. Ende August folgt noch ein Auftritt beim Festival »Deutsch-französischer Rockpop in Concert«. Allerdings spielen Die Ärzte nicht live und tragen passend dazu T-Shirts mit der Aufschrift »Zum letzten Mal Playback«. Das im Oktober veröffentlichte Live-Dokument zur Abschiedstour, das Dreifach-Album *Nach uns die Sintflut*, das drei badende Mädchen auf dem Cover zeigt (ohne dass sich ein Sinnzusammenhang ergäbe), ist zwar, wie die meisten seiner Art, eine Mogelpackung. Belas mitgeschnittene Stimme war von so mieser Qualität, dass er seinen Gesang nochmals im Studio aufnehmen musste, allerdings in einem Durchgang, um halbwegs authentisch zu wirken. Doch das Album stürzt sogar U2 vom deutschen Charts-Thron, erreicht als erste und bis heute einzige Triple-LP Platz eins und wird letztlich mit Platin ausgezeichnet. Damit verliert Farin eine Wette gegen Bela, der den Erfolg erahnt hatte, und muss ein alkoholisches Getränk seiner Wahl zu sich nehmen. Vor laufender Kamera im Rahmen der Goldverleihung im Schöneberger Pinguin-Club nippt er an einem Glas Champagner, aber leert dieses kurz entschlossen in einen Blumentopf. Ihr Ende macht die Band erfolgreicher als je

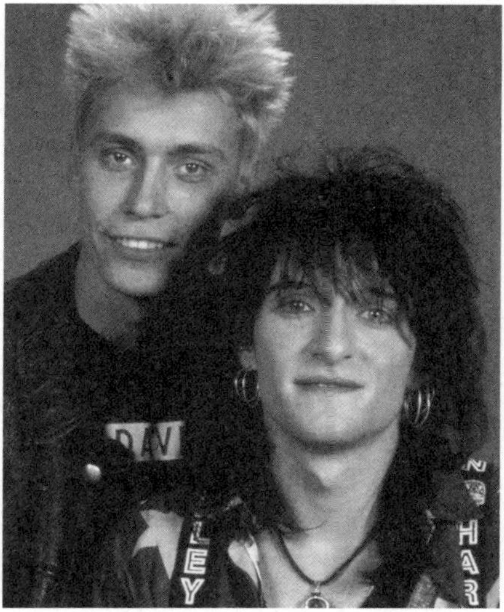

Farin und Bela 1989: Bald darauf gehen sie getrennte Wege

zuvor. Um der gestiegenen Nachfrage gerecht zu werden, bringt das alte Label der Band, Vielklang, *Die Ärzte früher!* auf den Markt, eine Werkschau der Periode 1982 bis 1983, mit den ersten EPs und Beiträgen zu Samplern wie *Pesthauch des Dschungels*, zu dem Bela und Farin als Die Ulkigen Pulkigen »Die Einsamkeit der Würstchen«, sowie als Die geilen Greise das in »Ich hab Udo Lindenberg die Beine amputiert« umbenannte »Ekelpack« beigesteuert hatten. Sogar diese mit dem Verweis »75 % alte Hüte« versehene Raritätensammlung chartet hoch – auf Rang vier. Die darauf enthaltenen Stücke »Tittenmaus« und »Wilde Mädchen« stammen ebenfalls aus den frühen Bandtagen, werden aber erst für dieses Album aufgenommen – heimlich, weil der aktuelle Plattenvertrag mit CBS das verbietet. Wirklich Schluss ist dann im Mai 1989, zwei Jahre nach der schicksalsbesiegelnden Zypernreise, mit dem einstündigen TV-Special *100 Jahre Ärzte sind genug* bei Tele 5. Eine holperige Abschiedsgala, moderiert von Jochen Bendel, der sich zum Missmut der Band zunächst als Arztfigur Dr. Ben verkleidet hatte. Respektvoll wie kommentarlos tragen Farin und Bela hier T-Shirts der Nachfolgebands des jeweils anderen: Farin zeigt sich als Supporter von S. U. M. P., Bela verrät den Namen von Farins neuem Projekt King Køng, hier noch King Köng geschrieben – vielleicht war Farin das »ö« zu nah am »Ä«. Ihre Die Ärzte überdauernde Freundschaft untermauern sie bereits im November, als sie den von Hagen kuratierten Sampler *Wir warten auf die Lindenstraße* mit einem Gastbeitrag beim Stück »Requiem für Nossek« unterstützen. Auch im Jahr darauf treffen die beiden wieder im Studio aufeinander. Filmproduzent Bernd Eichinger überzeugt sie mit einem hohen fünfstelligen Betrag zu einem Song für den Blockbuster *Werner – Beinhart*. Er erhofft sich davon eine Sensation. Doch Bela und Farin tun ihm nicht den Gefallen, den Song als Die Ärzte zu vermarkten. »Wir brauchen … Werner« erscheint unter dem Quasi-Decknamen Bela B. & Jan. Dazu finden weder Farin noch Bela Bezug zum Film, selbst Comicfreak Bela ist nicht mit dem Quellmaterial vertraut. So ist der maue Song nur im Abspann des Films zu hören, »Beinhart« von Torfrock wird stattdessen zum Titellied aufgewertet und führt bald die deutschen Charts an. Bela und Farin sehen sich in ihrem Auseinandergehen bestätigt.

Farin setzt anschließend auf seine englischsprachige, rhythmisch komplexe Alternative-Rockband King Køng, für die er Ärzte-Produzent Uwe Hoffmann als Schlagzeuger gewinnt. Zwar legt er dafür seinen Künstlernamen ab, die erste Tour der Gruppe findet allerdings unter Ärzte-ähnlichem Motto statt:

»Vier Cromagnonmenschen zerstampfen das Universum« – vor überschaubarem Publikum in viel zu optimistisch gebuchten Hallen. Drei gefloppte Platten hält die Band durch, als deren größter Erfolg der Beitrag zur Kinoklamotte *Manta Manta* (1991) gelten darf. Der Song »Wir fahren Manta Manta« erscheint allerdings unter dem Alias Die Motoristen. Immerhin halten manche Passagen aus King-Køng-Stücken im Laufe der Zeit Einzug in das Werk der Ärzte; die Gitarre in »Up to You« etwa scheint bei »Manchmal haben Frauen …« durch.

Parallel zu King Køng scheitern Bela und Rod zuerst mit S. U. M. P. (die auf ihrem Album auch den Hosen-Klassiker »Opel-Gang« covern), danach mit den »Eisenrockern« Depp Jones – deren erstes Konzert ausgerechnet als Support von King Køng in Bochum stattfindet. Der Bandname geht übrigens auf einen *Lucky Luke*-Band zurück, in dem Averell Dalton diesen Tarnnamen trägt. Auch diese Laufbahn endet nach zweieinhalb Alben jenseits der breiten öffentlichen Wahrnehmung. Beim »IG Metall gegen Rechts«-Festival hat die Band 1992 ihren letzten Auftritt. Schon Ende Juni 1991 wohnen die Nicht-Fußballfans Farin und Konzertveranstalter Axel Schulz auf Belas Empfehlung hin einem Spiel des FC St. Pauli gegen die Stuttgarter Kickers im Hamburger Millerntor-Stadion bei. Mit der King-Køng-Schmach im Rücken und einem Publikum um sich herum, das während der Halbzeitpause die über Lautsprecher übertragene Live-Version von »Westerland« mitschmettert, beginnt Farin ernsthaft über die Wiederbelebung der Ärzte nachzudenken. Das Angebot von Axel Schulz, sich im Oktober für das »Ich bin ein Ausländer«-Festival in der stimmig gewählten Berliner Deutschlandhalle zusammenzuraufen, lehnen sie zwar noch ab. Doch nach einem Katastrophenkonzert King Køngs vor 150 Menschen kommt die Wiedervereinigung der Ärzte in Gang.

»Schrei nach Liebe« – Rückkehr mit der ultimativen Anti-Rechts-Hymne

Was Die Ärzte 1993 wieder zusammenführt, sind nicht nur ihre auf Desinteresse gestoßenen Interimskarrieren, sondern auch die blutige Realität der Wendejahre in Deutschland. Zwischen dem 17. und 23. September 1991 beteiligen sich bis zu 500 Personen in der sächsischen Stadt Hoyerswerda an fremdenfeindlich motivierten Anschlägen auf Wohnheime für Flüchtlinge und Vertragsarbeiter. Am Wochenende darauf werden 78 rassistische Übergriffe in ganz Deutschland gezählt. Bis 1993 ereignen sich weitere pogromartige Übergriffe in Städten wie Rostock, Mölln und Solingen. In einem zweiseitigen Reunionsgesuch an Bela führt Farin daher neben dem Wunsch nach spürbarem Publikumszuspruch, sowie dem vorbildlichen Aufstieg der Toten Hosen auch die Notwendigkeit zur politischen Stellungnahme der Ärzte als Argument an.

Zwar sollte jederzeit klar gewesen sein, wo sich Die Ärzte innerhalb des politischen Spektrums verorten, obwohl sie in den 80ern apolitisch auftraten, da sie laut Farin »der naiven

Ansicht waren, alle intelligenten Menschen müssten unsere anarchische Weltsicht teilen«. Aber immer wieder verirrten sich Neonazis in ihr Publikum und entblödeten sich sogar nicht, beim satirischen »Eva Braun«, das 1983 übrigens in einem Beitrag über die Berliner Musikszene im britischen TV zu sehen ist, den Hitlergruß zu zeigen. Die Band verbannt die Nummer daraufhin aus ihrem Set und realisiert, welche Gefahren von Nazi-Provokationen im Punk-Kontext ausgehen, etwa in Form der Hakenkreuz-Hemden von Sid Vicious. Ein unmissverständliches Statement zum Comeback drängt sich also auf. Zumal Die Toten Hosen schon vorgelegt hatten. Ihr »Sascha ... ein aufrechter Deutscher«, dessen Text in verschiedenen Tageszeitungen vollständig abgedruckt wurde, erreicht Anfang 1993 Platz vier der Singles-Charts. »Wer so deutsch wie der Sascha ist, der ist sonst gar nichts mehr«.

»Nach Hoyerswerda konnten wir halt nicht mehr schweigen«, sagt Bela 2006 in einem MTV-Interview. Doch zunächst ziert er sich noch. Ihn plagt die Angst, die Band könne ihr eigenes Denkmal beschädigen. Noch vor Kurzem hatte er einem Journalisten der *Rock Hard* versprochen, dass es Die Ärzte »nie, nie, nie, nie wieder geben« wird. Seine Skepsis geht so weit, dass er Farin sogar gestattet, ihn bei den Ärzten zu ersetzen. Die Zweifel lösen sich in Wohlgefallen auf, als dieser ihm erste Demos vorspielt; darunter ein fragmentarischer Refrain von »Schrei nach Liebe« und die Volksmusiknummer »Wenn es Abend wird«, Textauszug: »Da ist mei Lehrerin, der ich so dankbar bin, / weil i heute schreibn und lesen kann. / Und in den Ferien, da fährt sie nach Schwerin / und da zündt sie Asylantenheime an«. Dieser aus jedem Rahmen fallende Song gibt Bela den notwendigen Ruck. Die Ärzte würden zu keiner Nostalgieshow verkommen, sondern auch in den 90ern Dinge tun, die anderen in ihren kühnsten Träumen nicht einfielen. Für die Aufnahme des Schunklers fragt die Band sogar die Wildecker Herzbuben an, die laut Fax »nach Kenntnisnahme des Textes [...] von einer Zusammenarbeit mit den ›Ärzten‹ absehen« möchten. Im April 1993 ist das Comeback beschlossene Sache und Bela bittet auf Farins Drängen seinen alten Bandkollegen Rod im Berliner Underground-Club Eimer, als Bassist einzusteigen, obwohl dieser in erster Linie Gitarrist ist. Man legt ihm einvernehmlich einen Probevertrag mit einjähriger Laufzeit vor.

»Schrei nach Liebe« unterstreicht die neue Zusammengehörigkeit von Bela und Farin. Bela ergänzt Farins Vorarbeit mit Strophen, auf den Aufnahmen singen die beiden dann die Parts des jeweils anderen. Einzige Ausnahme: Die von Farin gesungene und auch geschriebene Strophenzeile »Zwischen Störkraft und den Onkelz steht 'ne Kuschelrock-LP«. So ähnelt der Song in seiner Aufteilung »2000 Mädchen«. Nach dem wohl flottesten Gitarrenriff der Band eröffnet Farin den Text: »Du bist wirklich saudumm, darum geht's dir gut. / Hass ist deine Attitüde, ständig kocht dein Blut.« Während die erste Strophe Neonazis frontal angreift, sucht Bela im fast einfühlsamen, von Streichern verzierten Refrain nach Erklärungen für rechtsradikale Gesinnungen und lässt sogar Mitgefühl anklingen: »Du hast nie gelernt dich zu artikulieren. / Und deine Eltern hatten niemals für dich Zeit.« – im dritten Refrain wird das »zu artikulieren« raffiniert abgewandelt in »artizukulieren«, um bloß nicht belehrend zu wirken. Die Ärzte ziehen die Notbremse bevor sie den verhassten Betroffenheitsrock der deutschen Musikelite tangieren. Am Ende des Chorus stoßen dann beide Stimmen aufeinander und fällen das nicht verhandelbare Urteil: »Arschloch!«

Die zweite Strophe fordert das Gegenüber zur Selbstreflexion auf – »Warum hast du Angst vorm Streicheln? Was soll all der Terz?« – und erinnert daran, dass in jedem Menschen auch ein Herz schlägt (und zwar links). Dies wird in der dritten Strophe weiter ausgeführt und begleitet von einer konkreten Empfehlung: »Du musst deinen Selbsthass nicht auf andere projizieren, / damit keiner merkt was für ein lieber Kerl du bist.« Der Song endet mit einer einminütigen, von einer Akustikgitarre getragenen Pfeifsequenz. In Detlev Bucks Video wischen an dieser Stelle ein dunkel- und ein hellhäutiges Mädchen einem Neonazi die Kriegsbemalung aus dem Gesicht bis dieser zu lächeln beginnt.

Dieser Clip läuft erstmals im September 1993 über die Bildschirme. Die Ärzte entsteigen ihren Särgen und stürmen die Charts. »Schrei nach Liebe« wird mit Platz Neun der erste Top-Ten-Hit der Band. Und das obwohl die neue Plattenfirma der Band, Metronome – zu der Die Ärzte über eine ganzseitige Anzeige im Partnersuche-Stile in der Fachzeitschrift *Musikmarkt* kommen: »Die Ärzte (Beste Band der Welt) suchen Plattenfirma« – sich gegen das Stück als Leadsingle aus dem kommenden Album ausspricht. Das Label drängte auf die radiofreundliche Ballade »Mach die Augen zu«, konnte sich aber nicht gegen den Bandwillen durchsetzen. Bei Metronome trug man Sorge, dass »Schrei nach Liebe« wegen seines zentralen Schimpfworts kein Airplay finden würde. Tatsächlich weigerten sich die meisten Radiostationen zunächst, den Titel ins Programm aufzunehmen. Die Wende verdankt die Band der Redakteurin Lidia Antonini, die in einem Rundbrief an ihre Kolleg*innen beim Hessischen Rundfunk dazu aufrief, den Song zu spielen. »Schrei nach Liebe« sollte dann sogar mehr als zehnmal so viele Kopien wie der bis dato erfolgreichste

Song der Band, »Westerland«, verkaufen: fast eine halbe Million Stück.

Die CD-Single bietet allerdings auch einiges für ihr Geld: Nach dem irreführenden »Wenn es Abend wird« an erster Stelle und der eigentlichen A-Seite folgt die nur wenige Sekunden währende, urkomisch hingegrunzte Persiflage des Italoschlagers »Felicita« von Al Bano & Romina Power (die die Band auch noch ziemlich originalgetreu live spielt) und Farins schmissiges, auf Portugiesisch vorgetragenes »Ja«. Begreift man den ersten Song als Bayerisch, ist praktisch jedes der vier Stücke hier in einer anderen Sprache gesungen. Eine subtile Unterstreichung der politischen Botschaft dieser Veröffentlichung.

Im Oktober erscheint das neue Album *Die Bestie in Menschengestalt* und erreicht Platz Zwei. Das äußerst knappe »Inntro« bildet eine pannenbehaftete Aufnahme der Gladbecker Metalband Grave Digger, die letzte Sekunde der Platte besteht aus einem gerülpsten »Ja!«. Die Ärzte sind jetzt erwachsen, bleiben aber natürlich Kindsköpfe, Peter Pan(k)s sozusagen. Mit Farin fällt die Metal-Opposition, auch er hat harte Töne für sich entdeckt und aus den Rockband-Parodisten mit klaren Gitarren ist eine Rockband mit dreckigen Gitarren geworden. Die neuen Ärzte spielen ihr erstes Konzert im Bielefelder PC 69 – mit einer Ärzte-Coverband als Support! Zum Jahresende wird Rods Vertrag annulliert und er steigt zum vollwertigen Mitglied auf. Der dritte Mann war gefunden. Und: Mit Axel Schulz jemand, der sich bis heute ums Geschäft kümmert. Farins ehemaligen WG-Mitbewohner (1985/’86 in der Berliner Turmstraße) hatte man bei einem Besuch eines Asia-Restaurants in Charlottenburg verpflichtet. Nachdem die Band nie wieder einen Manager haben wollte, stellen sie Schulz per eilig auf eine benutzte Stoffserviette gekritzeltem Vertrag als Manager*in* an.

»Super Drei«, das Eröffnungsstück des Nachfolge-Albums *Planet Punk* verewigt die neue Besetzung. Es folgen Schlachtrufe wie »Es gibt nur einen Gott: BelaFarinRod«, sowie das geniale dritte Ä-Pünktchen im Logo. Mit Rod werden Die Ärzte noch weitaus erfolgreicher als je zuvor (Einschub: Es finden sich in der Geschichte der Popmusik nur wenige Beispiele für Acts, die nach ihrem Comeback besser dastanden als davor; neben Tina Turner drängt sich besonders eine weitere Band auf, die mit einem Ä-Laut beginnt: Aerosmith). Nach zahlreichen Headliner-Auftritten bei den größten Festivals im deutschsprachigen Raum spielen sie 2013 gar elf eigene »Ärztivals«. Keiner kann sie mehr aufhalten – schon gar nicht die Böhsen Onkelz, die auf ihren Diss in »Schrei nach Liebe« mit dem typisch hochtrabend betitelten Song »Ihr sollt den Tag nicht vor dem Abend loben« reagieren. Live ändern Die Ärzte die entsprechende Passage in »Schrei nach Liebe« bis heute immer wieder ab und rücken weitere heimattrunkene, in der rechten Szene beliebte Bands wie die Südtiroler Frei.Wild in den Fokus der Kritik. Damit es vom Wege abgekommene Fans aus dem rechten Lager schwarz auf weiß vor sich sehen, entscheiden sich Die Ärzte 1994, den folgenden Hinweis auf ihren Konzerttickets abzudrucken: »Besucher, die als Nazis bekannt sind oder sich durch das Tragen von Nazi-Emblemen oder Fascho-Bands unbeliebt machen möchten, werden umgehend des Saales verwiesen und erhalten Hausverbot.«

22 Jahre und genau einen Tag nach seinem Erscheinen überholt »Schrei nach Liebe« sich selbst und sieht von ganz oben auf die deutschen und die österreichischen Charts hinab. Der Hintergrund dieses zweiten Frühlings im Herbst ist ein mutmachender, der allerdings auf einem Trauma basiert. Nach xenophoben Übergriffen auf Flüchtlinge ruft der niedersächsische

Ich wurde damals (Anfang der 80er Jahre; Anm.) *zum Beispiel mal in einer Bar von zwei Skinheads angemacht und mit Bier übergossen. Die wollten, dass ich mit ihnen raus gehe und mich mit ihnen prügele. Ich hätte keine Chance gehabt, hab mich schon deshalb nicht provozieren lassen. Am Ende habe ich mit einem der Beiden Bier getrunken und mir seine Probleme mit seiner Mutter angehört. Und dann stolpere ich im TV irgendwann, Jahrzehnte später, über eine Doku über die Böhsen Onkelz und merkte: Moment mal, der Sänger – das war einer von den beiden.*

Bela B im Interview zum Boxset *Seitenhirsch*

Musiklehrer Gerhard Torges im Sommer 2015 die Social-Media-Bewegung »Aktion Arschloch« ins Leben, die dazu auffordert »Schrei nach Liebe« als Zeichen gegen die »grassierende Fremdenfeindlichkeit« zurück in die Charts zu bringen. Ähnliche Kampagnen waren vor allem im Vereinigten Königreich schon von Erfolg gekrönt gewesen und beförderten etwa die Musicalnummer »Ding-Dong! The Witch Is Dead« aus dem »Zauberer von Oz« anlässlich des Todes der »Iron Lady« Margaret Thatcher auf Rang Zwei.

Die zum Zeitpunkt der »Aktion Arschloch« pausierenden Ärzte melden sich über ihre Website zu Wort, drücken ihre Unterstützung aus und geloben, Einnahmen aus dem Song an die Organisation Pro Asyl zu spenden. Im Jahr darauf überraschen sie auf Initiative Belas mit einem Kurzauftritt im Rahmen der zehnten Ausgabe der Konzertreihe »Jamel rockt den Förster« im Weniger-als-40-Seelen-Dorf Jamel, einer mecklenburgischen Rechten-Hochburg. Unangekündigt kommen nach der Band Madsen Die Ärzte auf die Bühne und spielen

»Schrei nach Liebe«. Ein Nebeneffekt dieses Erlebnisses ist, dass die drei sich einander annähern. Farin und Rod singen während der vierstündigen gemeinsamen Anreise Beatles-Songs und finden wieder Gefallen an ihrer Hauptband. 2018 dann das Heimspiel: Während Sänger Arnim Teutoburg-Weiß seine Beatsteaks bei dem größten Konzert der Bandgeschichte in der Berliner »Waldbühne« auffallend oft »die beste Band des Universums« nennt, bereiten sich Die Ärzte backstage schon für ihr ohrenbetäubend laut bejubeltes Zwischenspiel vor der Zugabe vor, bestehend aus »Hurra« und »Schrei nach Liebe«. Doch auch auf der Gegenseite blüht der Song wieder auf. Für ihr 2019er-Album *Unsere Lieblingslieder* spielen Frei.Wild das Stück neu ein. Auf dieser Platte covern die beleidigten Leberwürste ausschließlich Nummern von Acts, die ihre Gruppe in der Vergangenheit kritisiert hatten wie Kraftklub, Die Toten Hosen und Feine Sahne Fischfilet. Provokation um ihrer selbst willen, die vor allem die Fallhöhe des Fremdmaterials zu den Eigenkompositionen Frei.Wilds aufzeigt. Ein Eigentor. Siehe etwa auch die »Junge«-Neufassungen von Heino und Xavier Naidoo.

Mit seinem späten, aber gewiss nicht zu späten Nr. 1-Attribut etabliert sich »Schrei nach Liebe« zur deutschsprachigen Anti-Rechts-Hymne schlechthin. Und das gegen starke Konkurrenz, etwa von den Goldenen Zitronen und ihrem »Das bisschen Totschlag« – fantastisch gallig, aber freilich zu sperrig für den breiten Geschmack. Der »Sascha«-Song der Hosen war fast das Gegenteil davon: eine Tanzaufforderung in der Art ihrer Trinklieder, perfekt dafür geeignet, die brandgefährliche »Das wird man doch noch sagen dürfen«-Losgelöstheit im Delirium zu konterkarieren. Die Brillanz von »Schrei nach Liebe« zeigt sich im für Die Ärzte typischen Spiel mit den Ebenen.

DIE ÄRZTE

Die Nr.-1-Alben

» *Nach uns die Sintflut* (1988)
» *13* (1998)
» *Runter mit den Spendierhosen, Unsichtbarer!* (2000)
» *Geräusch* (2003)
» *Die Band, die sie Pferd nannten* (2004, Live-DVD)
» *Bäst of* (2006)
» *Jazz ist anders* (2007)
» *auch* (2012)
» *Die Nacht der Dämonen* (2013)
» *Hell* (2020)

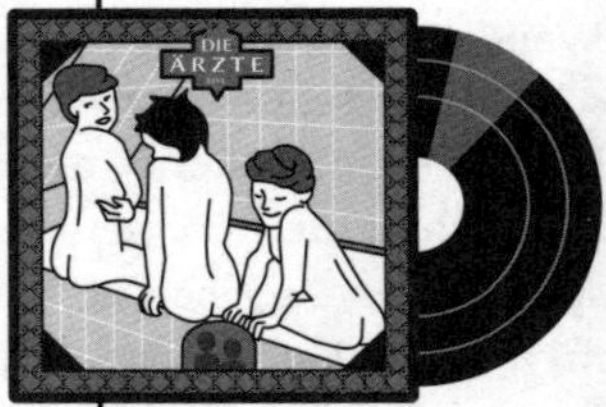

5 x Nr.-1-Hit

14 x Top-10-Hit

Pseudonyme für Geheimtouren und Nebenprojekte

» *Die ulkigen Pulkigen* (1983; Bela und Farin)
» *Die geilen Greise* (1983; Bela und Farin)
» *Die diabolischen Zwei* (1983; Bela und Farin)
» *2 fickende Hunde* (1995, 2005; Bela und Rod)
» *Paul* (1998)
» *Die zu späten* (2000)
» *Nudo tra i Cannibali / Nackt unter Kannibalen* (2003)
» *Die Ärzte, unter falschem Namen* (2006)
» *Die Köche* (2007)
» *Laternen-Joe* (2011)

Meistgespielte Songs live

1. »Zu spät«: 496
2. »Schrei nach Liebe«: 452
3. »Westerland«: 400
4. »Ist das alles?«: 365
5. »Schunder-Song«: 342

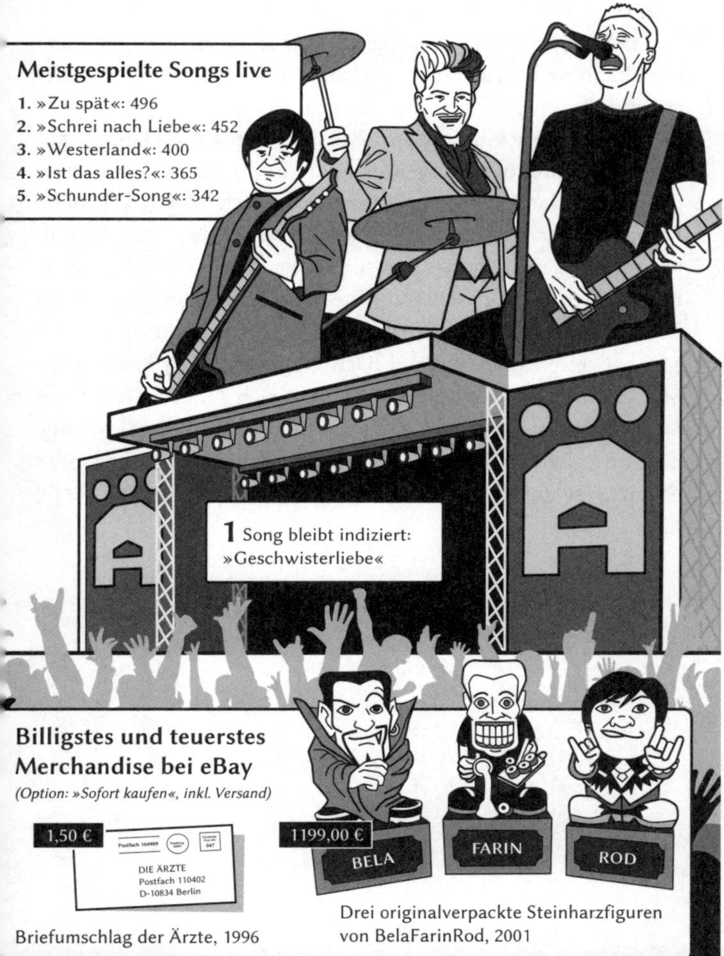

1 Song bleibt indiziert: »Geschwisterliebe«

Billigstes und teuerstes Merchandise bei eBay

(Option: »Sofort kaufen«, inkl. Versand)

1,50 €

Briefumschlag der Ärzte, 1996

1199,00 €

Drei originalverpackte Steinharzfiguren von BelaFarinRod, 2001

Hier wird verstanden und vermöbelt. Hier wird ridikülisiert und radikalisiert. Eine Analyse, die nur zu einem Schluss kommen kann und diesen in einem massenkompatiblen Schlachtruf entlädt.

Im Interview mit dem Journalisten Christoph Dallach sagt Farin 2018 über den Song: »Bis heute finde ich, dass das unser bester Song ist. Wir haben interessante Sachen gemacht, neue Sachen gemacht, aber ›Schrei nach Liebe‹ ist das Lied, an dem ich alles andere von uns messe. Besser waren wir nie.« Dennoch gerieten die Faschos nie aus dem Visier der Band. 2020 werden sie gleich an mehreren Stellen des Albums *Hell* in die Mangel genommen. »Schrei nach Liebe« mag der letztgültige Song zum Thema sein. Aber solange sich Menschen auf der Straße oder gar in ihrem Zuhause bedroht fühlen, ja solange die Sonne auch für Nazis scheint, müssen immer neue Lieder gegen diese untragbaren Zustände geschrieben werden.

»Richtig schön evil« – Alte und neue Skandale

Ende der 80er Jahre galten Die Ärzte nach eigener Aussage als »meistindizierte Band der westlichen Welt«. Noch vor den rechtsextremen Gruppen also, denen sie den Kampf ansagen sollten. Das mag einiges Bedenkliches über unsere rechtliche Verfasstheit aussagen, aber auch Hoffnungsstiftendes über die Gesellschaft hierzulande. Zwar ist nach einem alten Industriegesetz jede PR auch gute PR. Aber dass sich dies auch auf ein Land anwenden lässt, das seine Kulturidole am liebsten aalglatt und – noch wichtiger – vorhersehbar hat? Es ist bemerkenswert, dass eine Band, die einst nahezu verbannt war, bald darauf den Mainstream abbildete und sogar so potent wurde, nicht nach dessen Regeln zu spielen, sondern ihm selbst welche zu diktieren. Ein Blick zurück auf bewegte Jahre.

Zum ersten Eklat kommt es 1986 nach Veröffentlichung von *Die Ärzte*. Das darauf enthaltene Inzestlied »Geschwisterliebe«, das bereits zuvor ausschnittsweise auf einer dem *Musikexpress* beigefügten Flexi-Disc (für Spätgeborene: Das waren biegsame Kunststoff-Schallplatten mit minderer Klangqualität) zu hören war und keinerlei Alarm ausgelöst hatte, zieht das Missfallen einer Wittener Mutter auf sich. Sie schaltet das Jugendamt Essen ein, das wiederum bei der Bundesprüfstelle für jugendgefährdende Schriften (heute: »… für jugendgefährdende Medien«), im Folgenden: BPjS, die Indizierung des Albums aufgrund dieses Lieds beantragt, da dieses dazu geeignet sei, »in sexueller Hinsicht das Scham- und Sittlichkeitsgefühl gröblich zu verletzen«. Dem Antrag wird stattgegeben und fortan darf das Album weder an Minderjährige verkauft noch beworben werden. Die schlafenden Schäferhunde waren geweckt: Im Juni 1987 landet sogar das zweieinhalb Jahre alte Album *Debil* auf Initiative einer Mutter aus Mannheim auf dem Index – dank des »verrohenden« Charakters des blutrünstigen »Schlaflied[s]« und von »Claudia hat 'nen Schäferhund«. So ist zu diesem Zeitpunkt nur noch *Im Schatten der Ärzte* uneingeschränkt erhältlich, wobei die Karstadt-Kette Die Ärzte gleich komplett aus ihren Regalen kippt. Selbstredend hilft dies dem Bekanntheitsgrad der Band, führt aber auch zu erheblichen wirtschaftlichen Einbußen. Um diese abzufedern, bringt die Band ihre erste Compilation heraus, *Ist das alles? 13 Höhepunkte mit den Ärzten*, eine hitfreie Greatest Hits, die überwiegend Remixes und drei neue Stücke enthält. Allerdings ist die Auflösung der Gruppe zu diesem Zeitpunkt bereits entschieden und so haben Die Ärzte nicht viel zu verlieren außer ihren Ruhestörerruf. Den festigen sie mit einem Doppelschlag im Oktober 1987. Am 11. des Monats wird der skandalumwitterte und daher soeben als Ministerpräsident Schleswig-Holsteins zurückgetretene CDU-Politiker Uwe Barschel tot in einem Genfer Hotelzimmer aufgefunden. Am Tag darauf gastieren Die Ärzte im Konzertteil der BR-Talkshow *Live aus dem Alabama*. Der Anblick zweier ohnmächtiger Fans veranlasst Bela zum Kommentar: »Wir machen heute Abend München-Massaker. Zwei Leute sind schon tot. Und Barschel gestern Abend ging auch auf unser Konto.«

Später am Abend greift die Band diesen geschmackssicheren Gag erneut auf, nachdem sie eine Instrumentalversion von »Geschwisterliebe« angekündigt hatte und Bela die Fans ersucht, das Singen zu unterlassen. Auch dies sei strafbar. »Ihr habt eure Jugend noch vor euch, ihr seid so jung. Macht eine Bankkaufmannslehre oder werdet drogenabhängig, aber singt nicht dieses Lied!« Farin ergänzt: »Denkt an Uwe Barschel! Er hat es auch versucht. Er ist nicht durchgekommen damit. Sie haben ihn erschossen.« Darauf kommen tausende bayerische Haushalte in den Genuss eines angeblich ungenießbaren Songs. Ä wie Ätschibätsch. Zwei Tage später titelt die Münchner *Abendzeitung*: »Pop-Gruppe verhöhnte toten Barschel. ›Die Ärzte‹ live im TV: Wir haben ihn erschossen.« Der sichtlich verärgerte Moderator Günter Jauch entschuldigt sich in der Sendung darauf für den Auftritt. Die Ärzte hätten die Live-Situation ausgenutzt und eine »völlig idiotische« Aussage getroffen. Tatsächlich hatte der Bayerische Rundfunk die Band im Vorfeld des Konzerts gebeten, auf kontroverse Songs zu verzichten.

Keine zwei Wochen später dann die gewagteste Veröffentlichung der Band: *Ab 18*. Das Pendant zu den »sauberen« Stücken von *Ist das alles?* wartet mit allen bislang indizierten Nummern auf. Dazu reiht sich der zumindest anrüchige Sadomasosong »Sweet Sweet Gwendoline« und auch hier gibt es drei neue Lieder: Das aus der Demokiste hochgewühlte Grauen »Sie kratzt, sie stinkt, sie klebt«, das Jetzt-erst-recht-Sequel »Claudia II« (diesmal mit einem Pferd als Objekt der Begierde, sowie einem Cliffhanger zum folgenden Elefanten) und die haltlose Behauptung, der amtierende Bundeskanzler würde seine Gattin verdreschen, »Helmut K.« Das alles andere als humorvoll gestaltete Cover aus schnörkelloser Schrift auf schwarzem Hintergrund verstärkt die Anziehungskraft dieser Platte.

Trotz rascher Indizierung verkauft sie sich mehr als 100 000-mal und verleiht den »Bravopunks« einen dringend benötigten Anstrich Gefährlichkeit. In die Enge getrieben dehnen Die Ärzte die ohnehin weitgesteckten Limits ihrer Kreativität aus und setzen zum Gegenangriff an: Im aufwändigen Video zu »Bitte bitte« persiflieren sie 1989 die BPjS als von Porno-Queen Theresa Orlowski geführtes »Ministerium für Zucht und Ordnung« mit einem stark ans Hakenkreuz angelehnten Logo. Orlowski erscheint, ebenso wie der Leiter der BPjS, der gar nicht mal unsympathische, aber natürlich kreuzbiedere Rudolf Stefen, bei der Tele-5-Abtrittshow der Band, in der das Video, zum Groll der Gruppe etwas gekürzt, uraufgeführt wird. Der Dreistigkeit nicht genug, legt die Band der Erstauflage ihres Live-Albums *Nach uns die Sintflut* eine täuschend »Der Ritt auf dem Schmetterling« betitelte Bonus-Single mit einer nur vom Publikum gesungenen »Geschwisterliebe« bei. Im Falle einer Indizierung hätte man diese einfach entfernen können und nicht das ganze Album beschlagnahmen müssen. Zudem fühlen sich Die Ärzte nach ihrem intensiven Kontakt der BPjS so verbunden, dass diese auf der Platte ausgiebig Erwähnung in der Anmoderation von »Claudia – Teil 3« findet. Über einen Blues-Rhythmus singt Bela: »Diese Bundesprüfstelle, die hat sich gedenkt (sic) /, wir zeigen Claudia einmal, wo der Hammer hängt« und fantasiert über eine dreimonatige Orgie Claudias mit 30 Gremiumsmitgliedern der BPjS in einem Bunker. »Claudia« verfällt dann nach einem Ausflug in die Welt »christlichen Verkehrs« einem Buckelwal. Um all das kurz in einen größeren Kontext zu setzen: Von 1987 bis 1989 steuern Die Ärzte – für 1000 DM Gage pro Stück – Songs mit vorgegebenen Themen wie »Sie tun es« für die SFB-Jugendsendung *Moskito – Nichts sticht besser* bei. Eine großenteils indizierte Band liefert pädagogisch wertvolle Auftragsarbeit für den öffentlich-rechtlichen Rundfunk!

Mit der Wiedervereinigung 1993 kommt der angebliche Sinneswandel. In »Schopenhauer« auf *Die Bestie* ... singen sie »hier ein schönes Lied, hundertprozentig jugendfrei. / Kein Wort von Sex oder Gewalt – diese Zeiten sind vorbei«. Wie zum Beweis schieben sie als Appendix der »Claudia«-Trilogie das achtsekündige »Claudia (Teil 95)« nach mit dem brachialen Text »Claudia ... ist tot«, der nach einer kurzen Pause auf dem Schlenker endet: »Ja, er starb« (live wird so auch gerne »Grace Kelly« abmoderiert). Kurz vor dem Finale des Albums steht dann mit dem gerontophilen »Omaboy« die Versöhnung mit dem Pennälerhumor auf der Tracklist. Unberechenbarkeit, Zweideutigkeit und Ironie sind die Lieblingsinstrumente der Ärzte. Außer vielleicht »Nazis raus!« bloß keine direkten Vorgaben machen, nie das Publikum unterschätzen – lieber hinhören.

So riefen Songs wie »Tittenmaus« oder das Bandmaskottchen Gwendoline schon immer Frauenrechtler*innen und Elternverbände auf den Plan. Die gefesselte, geknebelte und dazu noch knapp bekleidete Gwendoline war der BDSM-Comicserie *Die Abenteuer der Sweet Gwendoline* von John Willie aus den 40er Jahren entsprungen. Über den Umweg als Klolektüre in der Ärzte-WG fand sie schließlich 1987 auf Plakate der »Endlich! Die Ärzte«-Tour. In ihrer wohl aufsehenerregendsten Inkarnation umklammert sie im Doppelpack als gigantische Blow-up-Puppen die Bühne der Band. Seit 1993 ist Gwendoline nur noch skelettiert zu sehen. Während der langen Auszeit sei sie schlicht verhungert. So rückte sie in Nähe zum »Knochenadler« der Toten Hosen. Eine Eintragung als Markenzeichen wurde untersagt, da in Gwendoline ein »Verstoß gegen die öffentliche Ordnung bzw. die guten Sitten« gesehen wurde.

Die Ärzte begegnen dem Vorwurf der Frauenfeindlichkeit, es kommt zu Treffen mit Aktivist*innen. Aber sie reagieren auch nach außen. Mit dem Stück »Manchmal haben Frauen …« etwa. Bela bezieht darin eine Tracht Prügel von seiner Freundin, nachdem er ihr das aufgeschnappte Geschwätz eines »stinkbesoffene[n] Machoschwein[s]« kolportiert hat. »Immer, ja wirklich immer / haben Typen wie du was auf die Fresse verdient«, singt hier Diane Weigmann von den Lemonbabies. Manchmal vergaloppieren sich Die Ärzte aber auch, wie im an sich begrüßenswerten Song »WAMMW« – Wenn alle Männer Mädchen wären. Was wir dann hätten? »Eine Welt, in der es keinen Fußball gibt und keine Kriege mehr. / Wo alle höflich sind und nie vulgär«. Eine Liebeserklärung an die Frau zwar, die freilich genüßlich Stereotypen durchkaut. Am Ende kommt aber eben doch eine vorvorgestrige, beengende und letztlich patriarchalische Vorstellung von Frauen dabei heraus. Besser gelingt es, wenn Die Ärzte sich bei der Auseinandersetzung mit Geschlechterverhältnissen rein auf den Mann konzentrieren. Mit »Du willst mich küssen« etwa über einen jungen Herrn, der Verführungsversuchen einer Angebeteten widersteht, weil er sich ihrer Liebe nicht sicher ist. Der Mann ausnahmsweise mal als nicht triebgesteuertes Sexmonster. Und dann natürlich, der Mann als triebgesteuertes Sexmonster: »Männer sind Schweine«, ihr größter Hit, von 1998.

In diesem Jahr macht die Band nach einer weiteren Skandalserie mit der *Bravo* Schluss. Bereits 1993 hatte der damalige Chefredakteur Gerald Büchelmaier das Angebot der Ärzte über eine Exklusivstory zu ihrem Comeback ausgeschlagen. Erst nach dem großen kommerziellen Erfolg der »Bestie« bekundet die *Bravo* wieder Interesse an den Ärzten, die Anfragen aber monatelang ignorieren. Die Ärzte vergessen nicht.

Die *Bravo* auch nicht. 1994 erscheint die Zeitschrift zum letzten Mal mit einem Ärzte-Titel. Im Mai 1998 bringt sie einen haltlosen Bericht unter dem Titel »Schweine namens Die Ärzte«, in dem unter anderem Farin als frauenfeindlich dargestellt wird. Statt der von der Band geforderten Entschuldigung schickt die Redaktion Paparazzi zu Farins Wohnsitz. Es kommt zu einer Autoverfolgungsjagd und weiteren Schmähartikeln wie »Kampfunfähig machen, lautet meine Devise!«, die Farin nun auch als gewaltbereit beschreiben: »Böse Texte und harte Fäuste sind seine Waffen.« Die Ärzte laden eine Gegendarstellung auf ihre Website und haben nie wieder mit der *Bravo* zu tun. Mediale Aufmerksamkeit ist ihnen sowieso gewiss. Im September titelt etwa das Magazin *Max* mit den bis auf die Schuhe entblößten Farin und Bela (sowie einem zentrierten, vollbekleideten Rod im Zuhälter-Look) und der Zeile »Nackte Rockstars verkaufen Zeitschriften«. Dafür verwendet es ein altes Bild aus einer *Planet Punk*-Fotosession des Ärzte-Hoffotografen Olaf Heine. Für den Innenteil der Zeitschrift schießt Heine Fotos, die die Band mit hinternfreien Hosen auf den Straßen Budapests zeigen. Passend zum Song »♀« mit seinem »Schwanz ab, runter mit dem Männlichkeitswahn«-Chor werden Tickets mit dem Nacktbildnis von Bela und Farin gedruckt, wobei sich die primären Geschlechtsorgane auf dem Abriss befinden. Zehn Jahre später legen sich Die Ärzte mit der *Bild*-Zeitung an. In ihrem sogar das Airplay von »Männer sind Schweine« übertreffenden Radio-Hit »Lasse redn« (2008) heißt es »Die meisten Leute haben ihre Bildung aus der Bild / Und die besteht nun mal, wer wüsste das nicht / aus Angst, Hass, Titten und dem Wetterbericht«. Die Station Antenne Bayern, an der die Axel Springer AG damals mit 16 Prozent beteiligt ist, entfernt die kritische Passage daraufhin. Die

Ärzte drohen mit einer Anzeige, der Sender spielt wieder das Original.

2004 akzeptiert die BPjS die »satirische Form« der indizierten Lieder von *Debil*. Es sei »heutigen Jugendlichen« zuzutrauen, die Stücke »ohne Schwierigkeiten als Fiktion einordnen zu können«. Die Platte wird wiederveröffentlicht und erreicht erstmals die deutschen Charts: Platz Fünf. »Geschwisterliebe« bleibt indes indiziert. Auf der Re-Issue von *Die Ärzte* wird der Song mit dem musikalisch identischen »Frühjahrsputz« ersetzt – ein übertrieben harmloser Text über die Wonnen des Saubermachens. Bei ihren Fans landen Die Ärzte von heute immer noch ihre Coups, beispielsweise mit der Zombie-Apokalypse und deren Selbstzensur in dne »Junge«-Videos. Weitreichendere Debatten lösen sie allerdings nur mehr ungewollt aus.

Als Die Ärzte im Herbst 2020 nach achteinhalbjähriger Albumpause mit *Hell* zurückkehren, bewegen sie sich in einer sehr anderen (Pop-)Welt. Die ist jetzt woke, hat sich von gefallenen Helden wie Michael Jackson, R. Kelly und Marilyn Manson verabschiedet. Unsere Wortwahl ist sensibler geworden. Wie kommt eine politisch korrekte Band, für die Political Correctness aber nie ein Gebot war, hier zurecht? Nur leidlich, wie sie feststellen muss. *The road to* Hell *is paved with good intentions.* Der in »Woodburger« angeregte Trick zur AfD-Bekämpfung, man könne ja schwul werden und so zuerst in den Bundestag und dann in die Abgeordneten rechtsaußen eindringen, kommt nicht überall gut an. Der *Spiegel* findet, dass sich die Band hier »selbst ins Gewirr reaktionärer Narrative begibt«. In der *Zeit* heißt es »die anklingende Idee, dass Menschen schwul ›werden‹ oder einander schwul ›machen‹ könnten, bleibt auch dann homophob, wenn man sie auf Nazis anwendet.« Dabei ist der von der Band als »höchstalbern« be-

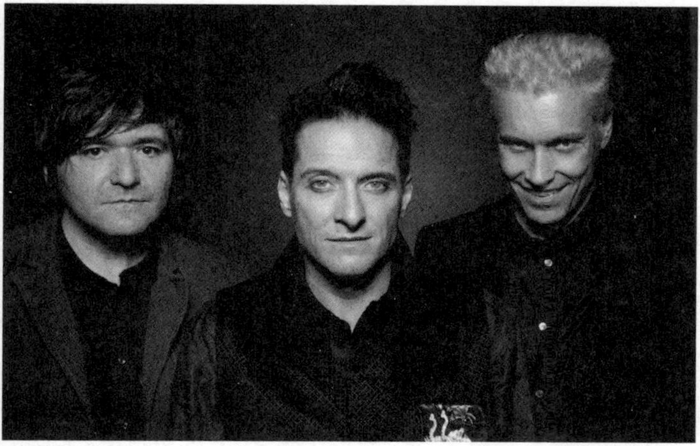

Dürfen die das? Skandalnudeln Rod, Bela und Farin (v. l.) 2012

zeichnete Song ein Versuch, Homofeindlichkeit mit deren eigenen Waffen zu schlagen: ein ins Groteske getriebenes Spiel mit der törichten Behauptung, Homosexualität wäre nichts anderes als eine Lifestyle-Entscheidung. Im *Spiegel*-Interview auf den Song angesprochen, sagt Farin, er habe die AfD mit etwas in Verbindung bringen wollen, mit dem sie wirklich nicht in Verbindung gebracht werden möchte. Er glaube nicht, dass der Text Menschen verletzen könnte. »Die Ärzte sind Die Ärzte, come fucking on.«

Das Portal *Queer.de* kritisiert das »Deadnaming«, das Erwähnen abgelegter Geburtsnamen, im Song »Liebe gegen rechts«: »Meine Freundin hieß früher Bernd«. Dazu befasst sich die erste Strophe mit einer ehemals rechtsradikalen Freundin, die zweite mit einer früher kriminellen, und die dritte eben mit einer Transfrau. Unklar ist dabei sogar Verfasser Farin, ob es sich hier sogar stets um ein und dieselbe Person handelt. All diesen Eigenschaften müsse man jedenfalls mit Liebe begegnen, »denn mit Liebe wird am Ende alles gut«. Der Vorwurf der *Zeit*, dass in diesem Stück »Rechtsextremismus, Transphobie und Kleptomanie als heilbare Krankheiten nebeneinander stehen« ist zwar zugespitzt, doch in der Tat vermag diese thematische Mischung den falschen Anschein inhaltlicher Verwandtschaft zu erwecken, dazu kombiniert sie hier Unterdrücker mit Unterdrückten. Dabei will das Sprecher-Ich hier doch progressiv sein und eigentlich nur sagen: Liebe ist grenzenlos. Der Song erinnert an das ähnliche »Meine Freunde« (1998). Die darin gestellte Frage »Dürfen die das?« lässt sich auf die Band zurückwerfen. Denn die erste Fortführung des Titels lautet »… sind homosexuell«, und so geht es auch hier um Toleranz. Doch deren Empfänger sind zuerst Homosexuelle, dann S&M-Fans, schließlich Satanisten. Auch das verkettet nicht notwendigerweise zusammenhängende Sozialgruppen. Natürlich stehen Die Ärzte unverrückbar auf der richtigen Seite. Das demonstrieren sie mal sachlich wie 2012 in »M&F« (»Manche Männer lieben Männer, manche Frauen eben Frauen. / Da gibt's nichts zu bedauern und nichts zu staunen«), mal irrwitzig wie in »Rock Rendezvous« (2000), in dem es die Band mit sich selbst treibt (»Farin, ich will Dich ficken – und das schon seit 17 Jahrn«) oder wirkmächtig, wenn Farin und Bela auf der Bühne Zärtlichkeiten austauschen. Aber Homofeindlichkeit ist keine Voraussetzung, um befremdliche oder zumindest missverständliche Äußerungen von sich zu geben. Wenn Teenager heute kopfschüttelnd latent sexistische, homo- und transfeindliche Sitcoms wie *Friends* wegschalten, müssen Die Ärzte aufpassen, nach Jahrzehnten am Puls der Zeit nicht doch veraltet zu wirken.

»1/2 Lovesong« – Die besten Fans der Welt

Es ist kein rein deutsches Phänomen, aber es ist eben auch ein deutsches Phänomen: Wer es hierzulande im Showbiz »geschafft« hat, der oder dem gewährt man häufig Anspruch auf einen Stammplatz im Rampenlicht. Man wird quasi im Spotlight verbeamtet. Den Nasen von The BossHoss, den Kaulitzbrüdern, von Lena oder Nena werden wir ungeachtet ihres künstlerischen Outputs wohl auch noch in Jahrzehnten in diversen Wiederaufbereitungsformaten begegnen. Im englischsprachigen Ausland als Has-beens gewertete Rocker wie Lenny Kravitz oder Anastacia sind in Deutschland immer noch zugkräftige Namen. Depeche Mode bleiben unverrückbare Giganten. Gäbe es *Wetten, dass..?* noch, müsste sich Meat Loaf keine Sorge vor einsamen Samstagabenden machen. Ganz zu schweigen von David Hasselhoff. In anderen Ländern liebt man die Vorstellung, dass The Hoff in Deutschland gottähnliche Verehrung erfährt. Dass wir an ihn und seine Power glauben, Eiserne Vorhänge zum Fall zu bringen, indem er nur for freedom lookt. Im Kern mag das zwar zutreffen, aber: *»Das ist nicht die ganze Wahrheit . . .«* um wieder zu den Ärzten zurückzukommen. Denn auch die sind ungewollt Teil eines Vereins aus den deutschen Künstler*innen mit den loyalsten Fans. Mitgliedsausweise halten dort Rammstein, Die Toten Hosen, die Kelly Family, Helene Fischer und, obwohl man die nicht in einem Atemzug nennen will, aber es entspricht nun mal den traurigen Tatsachen: die Böhsen Onkelz. Sie alle eint ein Hang zu Eindeutigkeit in Sound und Auftreten. Notwendige Ausnahme von der Regel: Die Ärzte. Wie konnten sie nur eine so devote Gefolgschaft finden? Mit grenzenloser Arbeit und klare Grenzen setzender Attitüde. Aber von Anfang an.

Trotz des ironischen Charakters der Unterzeile ihres auch noch in eine Jungs- und eine Mädchenseite aufgeteilten Debüts *Debil*, »Heiße Musik für wilde Teenagerparties – Vol.1«, steht die Zielgruppe der Band von vornherein fest. Wen hätte man mit Stücken wie den Adoleszenz-Dramen »Mädchen«, »Mr. Sexpistols« oder »Zu spät«, das Farin im Alter von 18 Jahren von Akne gezeichnet geschrieben hatte, auch sonst ansprechen können? Und wie seit 1956 und noch bis knapp ins aktuelle Jahrtausend erreichte man Jugendliche hierzulande am besten mit der *Bravo*. In *Das Buch ä* erinnert sich der Redakteur, der die Band in die bunten Seiten des Jugendmagazins holte, Uli Weissbrod: »Bela hatte ganz klar den Plan, Popstar werden zu wollen. Das war sein erklärtes Ziel, denn er fand großen Gefallen an diesem ganzen Rock-'n'-Roll-Lifestyle. Farin war da nicht so. Er musste oft von Bela zu gewissen Dingen überredet werden, und manchmal hat er sich eben auch verweigert.« Noch vor *Debil* beginnt die *Bravo* 1984 über »die neue Chaos-Band aus Berlin« zu schreiben und hievt die Band im selben Jahr aufs Titelblatt. Trotz fortlaufender Berichterstattung gerät das Album dann nur zum sogenannten Achtungserfolg, eine Autogrammstunde der Band im Kölner Saturn bleibt unbesucht. Doch der Samen war gesät. Da die Adresse der Band-WG auf der *Zu schön, um wahr zu sein*-EP abgedruckt war, werden Bela und Farin vor ihrer Wohnungstür schnell von immer aufdringlicheren Fans aufgesucht. Stets auf den Schutz seines Privatlebens bedacht, verbindet Farin in einem *Bravo*-Fragebogen seinen bürgerlichen Nachnamen mit dem seines Stiefvaters, um künftige Fanpost ausfiltern zu können: Briefe an Vetter ins Töpfchen, Schriebe an Vetter-Marciniak ins Kröpfchen. Dennoch spielen Die Ärzte das Spiel mit und laden die *Bravo* sogar zur Homestory ein. Erst hier sehen Bela und Farin, wie Sahnie wohnt, da sie ihn noch nie zuhause besucht hatten. Ihren ersten Fanbrief beantworten Farin und Bela sogar noch persönlich, allerdings mit allerlei Unsinn abwechselnd während einer U-Bahnfahrt. 2003 erinnert sich Farin im *Spiegel* an eine weitere Anekdote aus dieser Zeit im öffentlichen Nahverkehr: »Bela und ich standen mal zusammen in der U-Bahn und belauschten folgenden schönen Dialog zweier Schuljungs: Der eine: ›Schau mal, da stehen die Ärzte.‹ Darauf sagt der andere: ›Bist du verrückt, die fahren doch nicht U-Bahn.‹« Das attraktive Aussehen der Ärzte tut sein Übriges zum Appeal. Bald müssen sie live gegen kreischende Mädchenscharen anspielen. An den Abtransport vor Verzückung in Ohnmacht gefallener Fans muss sich die verdutzte Band gewöhnen. Die *Bravo* greift die Ärztemania auf mit Schlagzeilen wie »Bei ihnen stehen die Girls Schlange, um sich mal für eine Nacht ›verarzten‹ zu lassen!« Im bedrohlichsten Moment dieser Hysterie werden Bela im Rahmen eines Festivals des SWF in Saarbrücken von »[w]ilde[n] Mädchen« die Ohrringe ausgerissen. Die parallelen Indizierungsausschweifungen der BPjS führen zu einem Schutzreflex unter den Fans, die sich durch die externe Bedrohung nun mehr denn je der Gruppe zugehörig fühlen.

Die Ärzte sind sich dabei ihrer und der Schranken der Fans sehr bewusst. Eine bezeichnende Geschichte dafür ist die Genesis des Songs »Elke« von 1988, des ersten Metal-nahen Songs der Band – ausgerechnet aus Farins Feder, obwohl er Metalhead Bela damals versichert, Musik von Bands wie Metallica nie gutheißen zu werden. Die Ärzte befinden sich gerade bei den Aufnahmen zu ihrem vierten Album als die Fans Daniela und Elke sie über das Studiotelefon mit nervös gekicherten Daueranrufen terrorisieren. Schließlich senden die beiden der Gruppe einen Brief samt Selbstbildnis, das die mysteriösen Sympathisantinnen als übergewichtige Teenager offenbart. Daraufhin drohen Die Ärzte Elke bei anhaltender Arbeitsbehinderung einen Song über sie zu schreiben. Das ungenierte Duo ruft umgehend erneut an und so entsteht das Song gewordene Fatshaming »Elke«: »Es fing an, als sie mich anrief, da war ich gleich verloren. / Ihre Stimme klang so zärtlich und so sanft in meinen Ohren. / Sie schickte mir ein Foto. Mein Herz blieb beinah' stehen. / Sie sah aus wie eine Pizza, sie war wunderwunderschön.« Vor seinem infernalischen Gitarrensolo unterbricht Bela (!) das von Farin gesungene Lied mit den Worten »Bela für Daniela!« Die letzte Strophe ist selbst der Band zu hart, sie schafft es nicht auf die Aufnahme. Als Die Ärzte bei der darauffolgenden Tour dann die leibhaftige Elke treffen, zeigt diese sich gleichermaßen gekränkt wie geschmeichelt.

Mehr ist mehr: Palaver, Plüsch & Pizza

Für das Artwork des zugehörigen Albums *»Das ist nicht die ganze Wahrheit ...«* will Jim Rakete die Raserei auch im Wortsinn festhalten. Statt des irren Vorschlags der Band, schlicht Nena samt deren Schriftzug zu verwenden, lässt Rakete per Radio-Aufruf junge Damen zum Kreuzberger Paul-Lincke-Ufer reisen, wo Bela und Farin für einen Schnappschuss auf einem Motorrad vorbeidüsen. Elf Jahre später bewirbt eine Live-Version von »Elke« unter dem Namen »Die Schönen und das Biest«, samt Elke-spaltendem und daher nicht auf MTV gezeigtem Comic-Video, das zweite Live-Album der Band, das sich ebenfalls gut dazu eignet, das Verhältnis der Ärzte zu ihrer Anhängerschaft zu skizzieren. So achten Die Ärzte bei der Titelauswahl für *Wir wollen nur deine Seele* (benannt nach einem verschwörungstheoretischen 1984er-Buch, das okkulte Abgründe in der Rockmusik zu erkennen glaubt), darauf, dass es zu keinen Überschneidungen zu *Nach uns die Sintflut* kommt. Die Stücke, die dieses Verfahren nicht überstehen, werden dann wiederum unter dem auf Salman Rushdies Roman *Die satanischen Verse* (1988) anspielenden Titel *Satanische Pferde* Mitgliedern des Ärzte-Fanclubs als kostenloses Live-Album angeboten: satte 21 Extra-Songs. War auf *Nach uns die Sintflut* noch ein Zusammenschnitt der besten Bühnenansagen in Form des fast 19-minütigen »Sprüche« zu finden, legt die Band *Wir wollen nur …* eine Mini-CD namens *Invasion der Vernunft* bei, bei der es auf dem linken und rechten Tonkanal – um das knappe Volumen des Formats voll auszunutzen – jeweils über 20 Minuten »Sprüche II« zu hören gibt. Auch die bis dato unveröffentlichten Songs auf der gewaltigen, 33 CDs vereinenden Gesamtausgabe *Seitenhirsch* von 2018, erscheinen gesondert als »They've Given Me Schrott«. Die Ärzte könnte es nie als Panini-Sammelalbum geben. Fans werden keine Doubletten angedreht, stattdessen lieber opulent ausstaffierte Tonträger angeboten.

Diese Tradition läutet die Band 1995 mit *Planet Punk* ein. Das Album und die Sturzgeburt *Le Frisur* kommen noch im umweltfreundlichen, aber benutzer*un*freundlichen, weil fast schon nach einmaligem Benutzen wie Second-Hand-Ware aussehenden, Pappschuber auf den Markt. *Runter mit den Spendierhosen, Unsichtbarer!* erreicht 2000 die Läden in hellblauen Plüschtaschen. Neben der starken Auffälligkeit reizt die Band daran auch, ihr soeben erworbenes Öko-Image umgehend zu torpedieren. Die Ärzte wären aber nicht Die Ärzte, würden sie der Begehrlichkeit dieses Produkts nicht sofort gegensteuern: Und so gibt sich die Leadsingle »Wie es geht« wie ein lieblos gestalteter, gebrannter CD-Rohling. Damit Fans aber auch hier auf ihre Kosten kommen, versteckt sich im CD-Inlay ein aufwändiges Foto der Band als Lackaffen in Designeranzügen, sowie hinter dem CD-Tray ein Bild der Ärzte als waffenschwingende Black-Metal-Kombo vor einem Leichenwagen. Dazu ziert das Artwork das Logo der »Kill Them All!«-Initiative, mit der die Band zu Zeiten der »Copy Kills Music«-Kampagne der von Napster und MP3 gebeutelten Musikindustrie ein Zeichen gegen Kopierschutz setzt (Farin im Interview mit *MDR Sputnik*: »Meines Erachtens bestraft man [mit Kopierschutz] genau die Leute, die den Tonträger noch kaufen«). Das Erkennungszeichen mit den drei blutigen CDs garniert bis heute eine Fanpage, die Bootlegs der Band zum kostenlosen Download anbietet und aktiv von den Ärzten mit Speicherplatz unterstützt wird.

Das *Bäst of* von 2006 erscheint in einer Stahlbox mit ä-förmiger Auslassung. Dessen Zusatzplatte versammelt eine Auswahl an 25 B-Seiten, darunter das haarsträubende »Zusamm'fassung (Extended 1–13)«. Auf Basis des viersekündigen »Zusammenfassung« am Ende von *Le Frisur*, das einzig aus dem gesprochenen Satz »Puh, das war harter Stoff« besteht, errichten Die Ärzte als B-Seite von *Mein Baby war beim Frisör* ein knapp 17-minütiges Medley mit Interpretationen dieses einen Satzes, dargeboten in allen erdenklichen Genres. Mit dem geringfügig abgeänderten Titel grüßen sie überdies die Henningsdorfer Punkband Die Zusamm-Rottung. Die Existenz als Ärzte-Fan ist eine dankbare: Mit einem aufmerksamen Studium der zahllosen Anspielungen lassen sich musikalische Universen erschließen. Und gerade für das Taschengeld-Budget wichtig: Bei den Ärzten erhält man in der Regel eher zu viel als zu wenig fürs Geld.

Am eindrücklichsten demonstriert die Band das wohl mit der *Jazz ist anders*-Phase. Ihr 2007er-Album kommt, wie es sein Name in keiner Weise nahelegt, in einer Pizzaschachtel daher. Im Vorfeld der Veröffentlichung wird das Album kollektiver Verwirrung zuliebe unter dem Titel *Jazz isst anders* angekündigt, die Songs umbenannt – aus »Junge« wird »Küchenjunge«, aus dem »Lied vom Scheitern« das »Lied vom Scheiterhaufen (Hymne vom Grillen)«. Sogar der Bandname wird in Die Köche abgeändert – entsprechend ziert die Gruppe dann auch mit Kochmützen den Titel der Zeitschrift *Visions*. All dem nicht genug erscheint die Platte zusätzlich in einer günstigeren »Economy Version« mit krakeligem Cover und unter Live-Bedingungen eingespielten Alternativfassungen der Originalsongs. Vorbild ist hier der Berliner Comicautor und Comedian Fil, der laut Farin lustigste Mensch der Welt. Der brachte regelmäßig Ramschausgaben seiner genialen *Didi & Stulle*-Comics heraus, eilig hingeschmiert, mit schlechteren Witzen versehen und auf billigem Papier gedruckt. Die Ärzte danken ihm auf dem Cover der Platte und verballhornen ihre eigenen Songs, indem sie andere Perspektiven einnehmen – für »Junge« versetzt man sich von der Sicht der Eltern in die des Jungen (»Eltern, warum habt ihr mich gezeugt? / Ich weiß es war'n die 60er, ihr hattet kein Geld für Kondome. / Aber kanntet ihr nicht Coitus Interruptus? / Ja, man hätte mich an die Wand spritzen können. Dann würde ich jetzt nicht hier rumsteh'n, / an der Schlange zum Arbeitsamt«). Andere Stücke werden in gänzlich andere Stilrichtungen überführt. Mitte Dezember 2007 verschenkt die Band Downloads des Albums an ihre Schweizer Fans, die bei den Parlamentswahlen nicht für den Rechtspopulisten Christoph Blocher, respektive seine Partei SVP, gewählt hatten. Das monströs erfolgreiche *Jazz ist anders* ist in vielerlei Hinsicht die letzte Großtat der Band. Das ließ sich nicht wiederholen. Doch auch bei, ja: *auch* gab man sich Mühe. Das Album wird 2012 als Gesellschaftsspiel mit teils widersinnigen Regeln verkauft. In gewohnter Ironie oder in aufrichtiger Anerkennung der Tatsache, dass die Luft irgendwie raus ist, fordern sie in der ersten Single »zeiDverschwÄndung« ihre Fans auf, sich andere Idole zu suchen.

Auf den Bedeutungsverlust physischer Tonträger und Artworks, die sich ihrer briefmarkengroßen Darstellung auf Streamingplattformen anpassen müssen, reagiert die Band mit *Hell* zuletzt pragmatisch: Die Aufmachung unterliegt zwar weitestgehend dem Standard, wobei die Vinylausgabe, 181 statt der üblichen 180g schwer, aus recyceltem PVC besteht. Doch das Album als solches ist als durchgängiges Werk zu verstehen. Daher gehen die Songs auf CD und LP ineinander über, sind zusammengehörig. Die Stream-Versionen funktionieren dagegen auch für sich alleinstehend. Wir leben im Content-Zeitalter. *Form follows Function.* Ohnehin hat sich der Fokus der Musikindustrie mittlerweile auf den Livemarkt verlagert. Keine Herausforderung für Die Ärzte. 2021 sorgen sie etwa mit der Ankündigung ihrer »Berlin Tour MMXXII« für Schlagzeilen: Von Mai bis August 2022 wollen sie 13 (ihre

Glückszahl) Konzerte in ihrer Heimatstadt spielen. Die Idee ist nicht neu: Schon 2012 spielte Sophie Hunger eine Hauptstadttour. Doch die Dimensionen sind bei den Ärzten ganz andere: Die Liste der Locations reicht vom winzigen Schokoladen über große Austragungsorte wie der Columbiahalle und der Zitadelle Spandau bis zur größten innerstädtischen Freifläche der Welt, dem Tempelhofer Feld. Zwar wäre es deutlich leichter und effizienter, einfach zwei oder drei Mal in großem Stil vor Menschenmeeren aufzutreten, aber wie Farin im Stadtmagazin *Tip Berlin* sagt: »Generell wollen wir lieber mehr Konzerte spielen als weniger.« Und diese auch lieber länger als kürzer.

Grenzen des Ruhms und Grenzen der Fans

Früh hatten sich Die Ärzte auf Konzertlängen weit jenseits der sonst üblichen 90 Minuten vor den Zugaben verständigt. Schon zu Beginn ihrer Karriere wurde der Band von Jim Rakete eingeimpft, dass sie den Großteil ihrer Konkurrenz durch Fleiß übertrumpfen könne. Der Abschiedsgig ihrer 1998er-Tour im Kölner E-Werk dauert sogar ganze vier schweißtreibende Stunden. Die Messlatte derart hoch zu legen, wird der Band aber hin und wieder zum Verhängnis. Als sie es 2011 wagt, im Rahmen ihrer Inkognito-Tour als Laternen-Joe in Zwickau kein XL-Best-of-, sondern stattdessen ein gut anderthalbstündiges Set mit Fokus auf Raritäten zu spielen, gehen die Fans auf die Barrikaden, bewerfen die Bühne und übergeben sich in ihrer Wut ins Internet. Doch Gewalt erzeugt hier keine Gegengewalt. Die Ärzte beginnen ihre nächste große Tour, »Das Ende ist noch nicht vorbei«, in Zwickau, wegen der zuletzt »guten Erfahrungen« und begrüßen die Menge mit: »Hallo, Zwickau! Viel Spaß bei der nächsten Stunde!«

Seit jeher hält die Band ihre Ticketpreise niedrig: Der Eintritt zu ihrem »15 Jahre netto«-Konzert betrug lächerliche sieben Mark – dank Sponsoring durch einen Limonadenhersteller und die Berliner Verkehrsbetriebe. Tickets für ihre »Ärztivals« bekam man 2013 für unter 50 € und dazu noch hochkarätige Vorbands wie Kraftklub, NOFX oder LaBrassBanda. Zuletzt hatten es Die Ärzte auch mit dem Zwischenhändler Viagogo aufgenommen und eine einstweilige Verfügung erwirkt. Das Schweizer Unternehmen soll viele Tickets der schlagartig ausverkauften »In The Ä Tonight«-Tour erworben haben, um sie dann zu höheren Preisen weiterzuverkaufen. Dabei soll es den Originalpreis (reguläre Tickets der ausverkauften Tour waren ab 46 € erhältlich) unzutreffend wiedergegeben haben. Das erinnert an den Kampf der Band Pearl Jam Mitte der 90er gegen den mächtigen Konzertkartenanbieter Ticketmaster, dem die Band ein Monopol vorwarf und sich zugunsten ihrer Fans für günstige Tickets einsetzte. Derlei Aktionen sind Gold wert für die Fan-Bindung. Aber bei den Ärzten ist das nur ein Nebeneffekt. Denn monetärer Gewinn scheint tatsächlich nicht in ihrem besonderen Interesse zu stehen – was ironische Yuppie-Songs wie »Ich bin reich« schon nahelegen, aber auch von der Gruppe ganz nüchtern betont wird: »Ich freue mich auch darüber, wenn wir CDs und Konzerttickets verkaufen«, sagt Farin 2008 der *Frankfurter Allgemeinen Zeitung*, aber Geld sei für ihn »kein Ziel. Das ist nur insofern wichtig, als dass man sich damit Freiheit leisten kann.« Dazu habe er »das Gefühl, dass wir als Band nie jemanden bescheißen mussten, um Geld zu verdienen. Wir haben etwas angeboten, und erstaunlich viele Leute haben das nachgefragt.«

Und das sind eben nicht die erwartungsgemäßen Aussagen eines gesitteten Millionärs, der anders als Gene Simmons Turbokapitalismus nicht zur Kunstform erhoben hat. So lehnt es die Band in den frühen 90ern ab, für eine Million DM auf Coca-Cola-Dosen abgebildet zu werden. Auch liegt ihnen nichts an einem Leben auf dem roten Teppich. Sie verstehen sich zwar als Rockstars, nicht aber als Prominente. Allen drei Einladungen der *Wetten, dass..?*- Redaktion erteilen sie eine Absage. Zu *Roche & Böhmermann* geht Farin nicht, weil in der Sendung geraucht wird. TV genießt ohnehin kein hohes Ansehen in der »wunderbaren Welt des Farin U.«. Er hat angeblich noch nie einen Fernseher besessen. Auch der Bogen, den die Band um Preisverleihungen macht, könnte nicht größer sein. Einzig und allein 1996 traten sie bei den Viva-Comet-Awards geschlossen auf, allerdings nur, um Kiss einen Preis für deren Lebenswerk zu überreichen – in Ritterrüstung!

Hier geht es zum einen um die Vermeidung medialer Dauerrepräsentation. Inhalte verknappen, bloß nicht das Publikum übersättigen, spannend bleiben. Zum anderen lautet der noch wichtigere Leitgedanke: Sich nur nicht vereinnahmen lassen, von nichts und niemandem. Nie zum Dienstleister werden. Das hat allumfassende Gültigkeit, die auch keine Ausnahme beim eigenen Fanclub DÄOF kennt. Dessen Mitglieder durften sich stets über allerhand Aufmerksamkeiten freuen: Sie erhielten beispielsweise vergünstigte Konzertkarten und ihnen wurde die offiziell nicht verfügbare Unplugged-Version des indizierten »Schlaflied« zugespielt. Doch nach wiederholter Berichterstattung im Fanclub-Magazin *Die Prawda*, mit der sich die Band nicht identifizierte, entzieht sie ihrem Fanclub im November 2011 den Zusatz »offiziell«. Zunächst reibt man sich daran, dass die Musik der Band Subway To Sally empfohlen wird. Ein Interview mit Sebastian Krumbiegel, einem Sänger der von den Ärzten nicht sonderlich geschätzten Prinzen, lässt den Zwist eskalieren. Axel Schulz erklärte den Schritt in einer offenen E-Mail: »Es entsteht der Eindruck, Die Ärzte fühlten sich diesen Künstlern oder ihrer Musik verbunden. Ein Eindruck, den die Band so nicht vermitteln möchte.« Die Ärzte übernehmen zwar die Kosten für die Namensänderung und lassen auch ausrichten, dass sie »auf eine weiterhin gute, wenn von jetzt an nicht sogar entspanntere Zusammenarbeit« hoffen. Dennoch löst sich der Fanclub drei Monate später auf. Integrität kommt bei den Ärzten an oberster Stelle und macht vor nichts Halt. Kernidee der Band ist es, alles stets zu hinterfragen, gegebenenfalls zu korrigieren, zu verändern. Das schließt tumbe Treue, Solidarität »bis zum bitteren Ende« aus. So können auch langjährige Kollegen irgendwann den Hut nehmen: Die Zusammenarbeit mit Schwarwel, Co-Betreiber von Belas Comicverlag und seit 1993 Art Director der Ärzte, wird 2011 beendet. Der bricht daraufhin den Kontakt zur Band ab, verkauft sogar öffentlichkeitswirksam seine Sammlung Goldener Ärzte-Schallplatten. Ebenfalls nach fast 20 Jahren als Ärzte-Produzent muss Uwe Hoffmann (dem bereits im Booklet zur *Bestie* der Spitzname »Schleudersitz« verpasst wird) 2007 schlucken, dass die Band *Jazz ist anders* lieber ohne ihn produziert. Zu der Zeit trennt man sich auch von Markus Karg, Leiter des Fanclubs, weil er diesen nach Ansicht der Band und vor allem der Fans nicht mehr ordentlich gepflegt hat. Dessen Nachfolger wird Stefan Üblacker, in dessen *Buch ä* beteuert Farin: »Wir sind […] eine unglaublich loyale Truppe und geben so ziemlich jedem noch eine zweite, dritte und vierte Chance.«

»Der lustige Astronaut« – Fun und Punk und Fun-Punk (feat. Die Toten Hosen)

Das Album *Hell* lässt sich als Manifest der Ärzte lesen, gespickt mit Selbstreferenzen – so befand sich »Hölle« schon unter den Titelanwärtern für *Die Bestie*; der Song »Alles auf Brille« geht auf einen Namensvorschlag für *Planet Punk* zurück und »Das letzte Lied des Sommers« darf als »Westerland«, Teil II durchgehen. Gleich auf den ersten beiden Singles der Platte verweisen Die Ärzte auf eins ihrer größten Vorbilder: Frank Zappa. Anlässlich seines Todes 1993 hatten sie bereits für die Single »Friedenspanzer« ein Medley aus Zappas teils deutschsprachigem »Stick It Out« und »What's the Ugliest Part of Your Body?« aufgenommen. Auch dem Altmeister der Avantgarde war stets daran gelegen, Autarkie über sein kaum überschaubares Werk zu wahren, dabei an allen Produktionsschritten beteiligt zu sein. Die Seriosität seiner teils klassischen Musik verband er mit dadaistisch-abseitigem Humor frei aller Formeln. Diese Rigorosität machte ihn zur Verkörperung von Unbeugsamkeit. Nicht umsonst geriet sein Nacktposter auf der Toilette zum Standardinventar von Studenten-WGs. Ein Ärzte-Fan jenseits der Pubertät dagegen sammelt Coolnesscredits nur mühsam. Ständig muss er sich erklären, rechtfertigen und überzeugen. Das mag daran liegen, dass Die Ärzte eben nicht zu fassen sind. Denn ihr signifikantestes Signum, ihr Humor, speist sich aus vielen unterschiedlichen Quellen. Neben dem progressiven Unsinn Zappas und der Pointenverschmäher von Monty Python, insbesondere deren Methode, Kleinigkeiten schnurstracks ausarten zu lassen, findet sich auch der altgediente Witz des ewigen Kinds im Manne, Heinz Erhardt, bei ihnen wieder. Auch gibt es Anklänge an Otto Reuter, Wilhelm Busch und die Comedian Harmonists. »Monika« ist etwa eine Verbeugung vor der ersten deutschen Boygroup. Herausragenden Einfluss übten auch die *Asterix*-Comics und die vielgerühmte *Micky Maus*-Übersetzerin Erika Fuchs aus. Durch die klamaukigen Bühnenansagen winken Slapstick-Größen wie das Filmemacher-Trio Zucker, Abrahams & Zucker (*Airplane!*, 1980). Da landen die Handflächen nicht selten auf den Stirnen. Mitunter übertreibt es die Band da auch, teils zum Unverständnis des Publikums, immer aber zu ihrem eigenen Amüsement. Bela und Rod eint ein Hang zur Geschmacklosigkeit, wobei es nie zur Debatte steht, Menschen bewusst zu verletzen. Mit Farin teilt Bela die Vorliebe für Absurditäten, wie etwa 2004 die Village People ihre drei Berlinkonzerte aufwärmen zu lassen, für ein wirtschaftlich unrentables Schweinegeld.

»Die Band als solche ist ein großer Witz«, sagt Farin 2018 im Interview zu *Seitenhirsch*, »[t]rotzdem nehmen wir sie total ernst. Dieses Dilemma ist schwer zu vermitteln.« Humoristen sind in einem ordnungsliebenden Land voller Spartendenker nur selten Kritikerlieblinge. Entweder man ist zeitlebens Narr oder ein augenbrauenhochziehender Fall fürs Feuilleton. Selbst der noch am ehesten hierzulande mit Zappa zu vergleichende Helge Schneider kann sich eines hohen Ansehens erfreuen, aber cool ist etwas anderes. Checker und Connaisseurs meiden Die Ärzte in der Regel, zumindest öffentlich. »Wir wurden gehasst von Punks, wir wurden gehasst von Intellektuellen, von *Spex*-Lesern und *Spex*-Musikern«, sagt Bela 2013 dem *Musikexpress*. Das ist bedauerlich, verbergen sich unter der Oberfläche des Ärzte-Humors doch entscheidende Bestandteile einer Definition von Coolness: Mut. Originalität. Unabhängigkeit.

»Wir sind die lustigsten«

Wohl wissend, dass man Witze am schnellsten zerstört, indem man sie zu erklären versucht, listet dieses Kapitel nur eine knapp kommentierte und subjektiv ausgewählte Top 5 mit Beispielen für den einmaligen Ärzte-Humor auf.:

- das Zitat aus Schillers Gedicht »Das Lied von der Glocke« in »**Madonnas Dickdarm**« (1988, »weil uns in der Mitte der Text ausging« laut Bela im Das *Beste . . .*-Booklet)
- die L'Age d'Or-Version zur 31-sekündigen Single »**Yoko Ono**« (2001), einer improvisierten Persiflage auf Bands der Hamburger Schule. Sie folgt dem dreiminütigen Samba-Mix »Do Brasil« der A-Seite, deren Video wiederum als kürzestes seiner Art (46 Sekunden) den Weg ins *Guinness-Buch der Rekorde* fand. Zusatzinfo: Auch »Rebell« begann als Tocotronic-Verspottung, avancierte aber zu einem der Songs, auf die Farin am stolzesten ist.
- die zunächst werkgetreue Coverversion des Nino-de-Angelo-Heulers »**Jenseits von Eden**« von 1986, die sich dann

in ein schier endloses Crescendo steigert und so den Pathospalast des Originals zum Einsturz bringt, indem es immer noch ein schmalzgefülltes Stockwerk draufsetzt.

- der untrennbar mit dem zugehörigen Video verbundene Song »**Rock 'n' Roll Übermensch**« (2001). Der Titel ist dem gleichnamigen Stück der niederländischen Band Loveslug entliehen. Über einen für die Band untypischen, NDW-artigen Electro-Simplebeat croont Bela fast flüsternd Zeilen wie »Ich bin der Rock 'n' Roll Alien, / tu die Apokalypse bewerkstelligen« und als zweiten Reim, noch lustiger: »Tu euch mit Tod und Verderben behelligen«. Welch Lob des universellen Kinder-Ersatzverbs »tun«! Oder das onkelige, für den Reim nicht notwendige »jaja« nach der Eingangsbelehrung »Es erwartet Gottes Lohn, wer sich bemüht im Leben schon«. Der Clip dazu im Homerecording-Stil sieht aus wie einer VHS-Kassette entnommen, die jahrelang über die Weltmeere geschwommen ist. Im fiktiven Einkaufsparadies Mega Möbel sagt der fahrige Moderator (Matthias Matschke) eine »Kombo« an, »die früher viel Erfolg hatte. Heute, unvergesslich und umsonst: Die Ärzte«. Dabei liest er kurz bevor er den Namen dieser unvergesslichen Band nennt diesen von einer Karte ab. Das erinnert an den Betriebsleiter des deutschen Humors, Loriot. In dessen Spielfilm *Pappa ante Portas* (1991) kündigt Evelyn Hamann bei einer Lesung einen Mann an, »der Literaturgeschichte gemacht hat, ein Name, der rund um den Erdball zu einem Begriff geworden ist: Lothar Frohlein«, worauf sie der aus dem Hintergrund tretende, bizarre Poet berichtigt: »Frohwein«. Die unsagbar unästhetisch gekleideten Ärzte performen also diesen seltsamen Song, den Schwenk ins Publikum unterbricht ein Kind mit dem Ruf: »Mama, Mama, warum ist der Mann so groß? Der Mann wird immer größer!« Und tatsächlich: Bela wächst über sich hinaus bis er die Hallendecke durchbricht und die Polizei die Veranstaltung auflöst. Ein Meisterwerk, zu sonderbar für MTV, das den Clip nur im Nachtprogramm zeigt.

- für denselben Kanal zeichnen Die Ärzte 2002 ein Konzert für die Sendereihe *MTV Unplugged* auf, an den Ramones-Spielfilm *Rock 'n' Roll Highschool* (1979) angelehnt **»Rock 'n' Roll Realschule«** genannt – obwohl als Austragungsort die Aula des Hamburger Albert-Schweitzer-Gymnasiums dient. Lange nach ihrem Akustikset kehrt die Band in Black-Metal-Kluft und neuer Bassdrum mit Sahnie-Porträt knurrend auf die Bühne zurück. Mit Belas Faustschlag auf die Becken beginnt die Attacke »Dauerwelle vs. Minipli« auf die verbliebenen Gäste. Ein krasser Aufwand für das einminütige Schauspiel. Ebenso im Bonusmaterial der zugehörigen DVD: Die mehr als zehnminütige Improvisation um das Kinderlied »Ein Loch ist im Eimer« mit Freestyles wie »Ick nehm' lieber 'n Pfund Gehacktes als noch mal so'n Unpluggedes« infolge einer von einem technischen Defekt verursachten Umbaupause. Fast »[z]u schön, um wahr zu sein.« Hier demonstrieren Die Ärzte, dass sie selbst dann funktionieren, wenn ihnen die Kontrolle entgleitet. Ihre persönliche Chemie ist ihr Sprungtuch. Die Gabe, aus der Not eine Tugend zu machen, ist ihnen essentielles Werkzeug. Und auch das ist eben Punk: aus überschaubaren Mitteln das meiste herausholen. Womit wir bei den Fragen wären, wie sehr Die Ärzte (noch) mit Punk vereinbar sind und ob Fun und Punk automatisch Fun-Punk ergeben.

»Ist das noch Punkrock?«

Am Veröffentlichungstag von *Hell* geben die Ärzte die Eröffnungsnummer der *Tagesthemen*. Das folgende Interview nutzen sie zwar, um auf die Corona-bedingte Notlage der Kulturbranche hinzuweisen, aber natürlich verkneifen sie es sich nicht, ihre neue Platte zu erwähnen. Von Schleichwerbung ist im Internet schnell die Rede, von Ausverkauf sowieso. Das Netz motzt gerne. Ätze gegen Ärzte. Die Band versieht daraufhin ihre B-Seite »Tagesthemen-Melodie« mit der pampigen Unterzeile »Punkverrat auf neuestem Höchststand!« In insgesamt sieben ihrer Songtitel reizt das Wort »Punk«: »Als ich den Punk erfand«, »Bravopunks«, »Ich bin ein Punk«, »Ist das noch Punkrock?«, »Punk ist ...«, »Punkbabies«, »That's Punkrock«. 2012 laden sie sich die Ur-Punks The Damned, The Stranglers und The Undertones in ihr Vorprogramm – um ihren Bezugsrahmen festzuzurren? Plagt diese Gruppe, die sich doch längst von engstirnigen Dogmen losgesagt haben müsste, ein Glaubwürdigkeitsproblem? Ja, sind Die Ärzte denn überhaupt Punk oder waren sie es jemals?

Die knappe Antwort geben sie auf »Morgens pauken«, das genauso gut »Morgens punken« heißen könnte, stellt der Song doch fest: »Einfach alles ist Punk«. Außer »Alu«, das mache in Anspielung auf die Mode- und Verstandsverirrung Aluhut »geisteskrank«. Aber sonst eben: »Wirklich alles ist punk«. Das soll einerseits, in Zeiten des *Anything Goes*, die Raum für Zeitschriften wie *Business Punk* oder *Golfpunk* bieten, die generelle Entwertung des Begriffs kritisieren, andererseits aber eben auch zeigen: Punk ist, was du draus machst. Denn wo bitte steht der Sittenkatalog des Punk geschrieben und als wie verbindlich wäre dieser zu verstehen, wenn selbst Punk-Pionier Johnny Rotten unmittelbar nach seinem Ausstieg bei den Sex Pistols sich in andere Gefilde stürzt: in den Dub, in den New Wave, in die Kunst. Er schwärmte von der bahnbrechenden Discomusik Donna Summers, verehrte den Art-Rock von Kate Bush. Oder nehmen wir The Clash mit dem Stilmix ihres dritten Albums *London Calling* (1979)? Ist das noch Punkrock? Aber unbedingt! Die Vertreter der Oi!-Punk-Bewegung wollten das Anfang der 80er Jahre zwar nicht gelten lassen und suchten, ihre verlorenen Vorbilder wieder auf den harten Boden der Tatsachen zurückholen. Den Punk von den Ausstellungen in die Pubs zu zerren, um ihm dort immer mitten in die Fresse rein zu geben. Mitten! Doch welche Geltung Die Ärzte dieser Szene zuschreiben, aus der einerseits der stumpfe Fun-Punk oder Punk pathetique entstand und zu dem sich andererseits rechtsradikale Skinheads hingezogen fühlen, zeigten sie auf *Hell* in ihrer Angelic-Upstarts-Karikatur »Alles auf Brille« und schufen damit wiederum: ein Stück Oi-Punk. Genauso wie The Darkness Hardrock fabrizieren, wenn sie sich genussvoll über dessen Affigkeiten mokieren. *Does humor belong in music?* hieß 1986 ein Live-Album Frank Zappas. Wieso denn nicht, wenn Humor doch das Salz des Lebens ist? Wer nicht mit misanthropischer (ein Wort, das via *Planet Punk* Einzug in mein Vokabular gefunden hat) Weltsicht durch seine Vita grummelt, der ist doch auch im Regelfall des Offstage-Lebens darum bemüht, sein Gegenüber aufzumuntern und zu unterhalten. Gehören zum wahren künstlerischen Ausdruck der eigenen Person nicht notgedrungen auch ein paar komödiantische Moleküle? Selbst Kurt Co(ol)bain genoss es, die Statue, die man ihm zu Lebzeiten errichtet hatte, mit Scherzkekskrümeln zu entehren.

Die Ärzte hatten sich als Gegenentwurf zum (Post-)Punk

der frühen 80er gegründet, dessen Exzesssucht mittlerweile eher einer Exzesspflicht gewichen war. Punk war nach seinem Urknall binnen kurzem vorhersagbar geworden, und Kalkulierbarkeit scheuen Die Ärzte wie der Devil das Weihwasser. Der Mittelfinger des Punk hatte sich in einen erhobenen Zeigefinger gewandelt und dem wollten Die Ärzte nicht folgen. Die Freiheit dazu hatten sie, denn Punk fand zunächst weit weg von ihren Kinderzimmern statt, im wilden Kreuzberg. Weit weg genug, um ihn zu glorifizieren, aber auch weit weg genug, um sich ihm nicht bedingungslos hinzugeben. Auch empfanden sie die destruktive Energie als abstoßend, die die Bewegung mittlerweile durchströmte. So gaben sie sich selbst die Richtung vor – und die wich zunächst ab von der vorgeschriebenen mit den Drei-Akkord-Brettgitarren. Daher findet sich erst auf *Im Schatten der Ärzte* mit »Käfer« ein »harter« Song mit aggressiv verzerrter E-Gitarre. Optisch mögen sie eine Punkband abgebildet haben, doch ihr Sound war in der Anfangszeit ein Gemisch aus Teenager-in-Love-Pop der 50er, Lagerfeuermusik, zeitgenössischem Schlager (man vergleiche nur »Frank'n'Stein« mit Henry Valentinos »Im Wagen vor mir« – und danach mit der Roten-Rosen-Version des Schlagers) und dem der Wirtschaftswunderjahre. Dazu kamen Elemente von Powerpop, Country, Surfrock, Industrial-gefärbtem Synthie-Pop und Rockabilly im Stil der Stray Cats – deren Drummer Slim Jim Phantom bewegte Bela übrigens zum Standschlagzeug. Heitere Mitsing-Refrains und gepfiffene Hooklines waren knallbunte Kostüme außerhalb des Punkkorsetts. Der britische *NME* nannte Die Ärzte schon 1983 nicht zu Unrecht die einzig möglichen Nachfolger der Buzzcocks, die bei genauerem Hinsehen nur die Praktiken des Punks nutzten, um uns mit ihrem Sonnenschein-Pop zu blenden. Die

Punk ist nur die Idee, die hinter den Ärzten steht. Alles andere machen wir so, wie wir es für richtig halten.
Bela B im *Stern*, 2003

Ärzte machten es sich zwischen den Stühlen bequem. Sie bedienten weder die Agitprop-Punk-Politiker noch lieferten sie den eindimensionalen Fun-Punks, um die sich die großen Labels nach dem Split der Ärzte reißen sollten, einen Soundtrack zu deren Gelagen. Wenn Punk Dosenbier-Wettsaufen populär, also zu Pop gemacht hatte, dann war eben der Konsum von Vollmilch der neue Punk. Oder, um die Berliner Meta-Rocker Surrogat zu zitieren, die in ihrem hübsch zu den Ärzten passenden »Hell in Hell« den Macho-Boxer René Weller paraphrasieren: »Wir sind immer oben, und wenn wir unten sind, ist unten oben«.

Erst mit *Nach uns die Sintflut* konkretisierte sich das Klangbild der Ärzte und synchronisierte sich mit ihrer Optik. Die Songs wurden hier erstmals deutlich roher auf LP präsentiert. Spätestens mit dem eingestanden platten Plattentitel *Planet Punk*, der vielleicht eher als Orientierungshilfe für eine neu herangewachsene Generation Publikum gedacht war, bekannte sich die Band amtlich zum Punk. Doch wohnen, ach! zwei Seelen in ihrer Brust: Punk und Antipunk. Seinen kreativen Höhepunkt findet dieser Konflikt in der 1995 nur live vertriebenen EP *1, 2, 3, 4 – Bullenstaat* und seinem Albumnachfolger *5, 6, 7, 8 – Bullenstaat!* (2001). Die EP ist eine aus neun, teilweise superkurzen Songs bestehende Sammlung an Coverversionen von Punkbands wie Wire, Hass oder Rotzkotz, sowie einer Knüppel-aus-dem-Sack-Aufnahme von »Paul«. Der Bandname ist hier wie der von Erpresserbriefen beeinflusste

Schriftzug der Sex Pistols gesetzt und enthält sogar einen Schreibfehler: »Die Ärezte«. Darunter ein Fisch mit einer durchs Maul gezogenen Sicherheitsnadel, was Erinnerungen an Aerosmiths »Get A Grip« mit dem gepiercten Kuheuter weckt und das Design der »Breathe«-Single der Electropunks The Prodigy um ein Jahr vorwegnimmt. Das Album, das auch die Songs der EP enthält, wartet dann mit fast grotesk vielen Eigenkompositionen auf: 25. Auch diese allerdings meist von äußerst knapper Spieldauer, wie der noch aus Soilent-Grün-Zeiten stammende 20-Sekunden-Klopfer »McDonald's« mit den aufs Wesentliche reduzierten Lyrics »Mampf, mampf – Bauch voll! / Mampf, mampf – Kopf leer!« Doch Die Ärzte persiflieren hier nicht nur 80er-Deutschpunk, sondern auch sich selbst wie in »Bravopunks«: »Ärzte – Kings of Punkkommerz, / Ärzte – Punkrock ohne Herz«. Ein Gegenstück dazu findet sich in »Ein Lied für dich« von 1998. Zunächst wird dem treuen Fan gehuldigt: »Wegen dir können wir schon seit Jahren erbarmungslos punken und dafür wollen wir uns bedanken«, um dann die angeblich wahren Beweggründe zu offenbaren: »Danke sehr, danke schön, / ich will meinen Kontostand erhöhen / […] morgen kauf ich mir 'nen goldnen Föhn«. In »Als ich den Punk erfand …« aus *Geräusch*, das dazu wie ein Chanson beginnt, löst Bela das Problem der Kommerzialisierung des Punk, indem er weitergeht und Jazz erfindet. Ein musikalisches Spiegelbild zu *Punk ist …* auf 13, mehrheitlich eine Jazznummer. *Jazz ist anders* hieß dann das Album danach. Warum? Weil das eine korrekte Aussage ist. Und weil Die Ärzte die Irritation lieben. Das unterscheidet sie wohl am deutlichsten von ihrer ständigen Vergleichsgröße, den Toten Hosen.

»Friedenspanzer«

Rückblickend wirkt es wie ein Zufall, dass die zwei – neben Rammstein – größten deutschsprachigen Rockbands mit Punkwurzeln ausgerechnet dem Jahr 1982 entstammen. So wie der fast gleichzeitige Sendestart der frappierend artverwandten *Munsters* und der *Addams Family* im Herbst 1964 oder dass die beiden langlebigsten Gruselkomödien der 80er Jahre, *Ghostbusters* und *Gremlins*, 1984 am selben Tag in den US-Kinos anliefen. Punk ist 1982 bereits ein Relikt, hatte hierzulande der Neuen Deutschen Welle den Weg bereitet, die damals schon nicht mehr von Pionieren wie Der Plan und DAF geritten wird, sondern von schlagernden Hybridwesen wie Frl. Menke und Hubert Kah. »Polonäse Blankenese« von Gottlieb Wendehals, »Skandal im Sperrbezirk« der Spider Murphy Gang, »Ich will Spaß« von Markus und Falcos »Der Kommissar« sind 1982 Nr. 1-Hits. Nicole gewinnt mit »Ein bißchen Frieden« den Grand Prix Eurovision de la Chanson. Nena hoppst mit skandalträchtiger Achselbehaarung erstmals durch den *Musikladen.* Junge Bands greifen zum erschwinglich gewordenen Synthesizer statt zur Gitarre. Didi Hallervordens Ulknummer »Punker Maria« stammt bereits aus dem Vorjahr.

Die anachronistischen Startpunkte der beiden Bands sind Ergebnis ihrer deutlich näher an der Punkexplosion angesiedelten Vorgeschichten: Mussten sich Die Ärzte zunächst aus Soilent Grün herausschälen, liegt der Ursprung der Toten Hosen in der schon im November 1978 gegründeten Punkband Zentralkomitee Stadtmitte, die sich bald für den handlicheren – und provokanteren – Namen ZK entscheidet. Als einzige spätere Hose gehört ihr bereits Richtersohn und Halbbrite Andreas Frege alias Campino an. Und getreu der Hymne des von ihm geschätzten FC Liverpool, »You'll Never Walk Alone«, sind beide Gruppen zunächst gemeinsam unterwegs auf ihrem Kreuzzug ins Glück von den Clubs in die Arenen. So spielen die Hosen bereits im Vorprogramm des Abschiedskonzerts von Soilent Grün. 1983 begegnen sie sich auf der Compilation *Ein Vollrausch in Stereo* sowie beim Festival »Berliner Oktoberfest«, neben Frau Suurbier und Die Mimmi's. Hosen-Manager Jochen Hülder unterstützt Die Ärzte, verhilft ihnen zu Gigs, hält sie aber zugunsten seiner Lieblingssöhne klein. So stehen die Hosen bald mit einem Majordeal mit der EMI da, während Die Ärzte noch labellos durch die Lande tingeln. Streitigkeiten mit und über Frauen vertiefen diesen ersten Riss erheblich. Bela schickt Campinos Freundin Briefe in der leichtgläubigen Annahme diskreten Empfangs. Ein Vertrauensbruch, der beinahe zu einem Knochenbruch führt. Ende 1984 geben die Hosen ein Konzert im Berliner Ballhaus Tiergarten mit den Zunftskollegen der Suurbiers als Vorband. Diese haben Bela und Sahnie auf ihre Gästeliste gesetzt, was Campino not amused. Statt der Friedenspfeife bietet Bela ihm zwei Flaschen Wodka an. Doch das Besäufnis endet in einer Rangelei. Auf dem glatten Eis vor der Halle rutscht die eine und die andre Hand aus. Hose Andi gibt Bela zuerst ein blaues Auge mit und dann noch ein Bier aus. Punkrock eben.

Ihr schnell einsetzender Erfolg hält die Bands über die nächsten Jahre auf Distanz. Infos aus dem anderen Lager erhält man von gemeinsamen Bekannten, Journalisten und Industriefiguren, denen Konflikte zwischen den Bands eher in die Karten spielen als Harmonie. Gerüchte machen die Runde. In Interviews wird gestichelt, man grenzt sich voneinander ab. So äußert sich Farin 1988 in einer westfälischen Schülerzeitung über die Hosen: »Die machen halt Karnevalsmusik inzwischen, ich meine, das sagen 'se auch selber. Die machen halt nur noch Sauflieder.« Eine aktualisierte Sichtweise der Dinge präsentiert er 2020: Die Hosen seien »ja keine absurde Band«, wie er der *Visions* sagt, »wir sind immer eine völlig andere Band gewesen. Die Hosen sind diese Gang und machen ihre Musik. Wir machen ja so ganz versponnene Sachen.« Campino gilt das bereitwillige Auftreten der Ärzte in der *Bravo* dagegen als »Hochverrat«, auch er sieht sich in einer anderen Liga: Die Fun-Punks ZK habe er aufgelöst, um mit den Hosen eine »deutlich härtere Variante« zu bieten. In seinem Gastbeitrag zur Ärzte-Biographie von 2001 schreibt er: »Dann sah ich ein paar Monate später Die Ärzte, und sie zogen genau den Film durch, den ich für mich nicht mehr spielen wollte: Sie waren die neue Spaß-Elite, die Clowns vom Dienst!« Doch allein die Existenz dieses Artikels spoilert schon den Rest der Geschichte, deren gutes Ende seinen Anfang in einer Berliner Bar hat, in der sich Farin und Campino zufällig begegnen. Es ist Herbst 1988 und Die Ärzte sind abgehakt. Doch Campino wettet mit Farin, dass sich Die Ärzte innerhalb von fünf Jahren wiedervereinigen. Wetteinsatz: 1000 DM. Nach verlorener Wette schickt Farin einen Braunen nach Düsseldorf. Campino halbiert diesen und sendet eine Hälfte zurück mit der Bitte, man möge doch bei nächster Gelegenheit den Tausender gemeinsam verjubeln. Eine Danksagung im Booklet von *Die Bestie in Menschengestalt* besiegelt die Verbrüderung: »Hosen (wann machen wir die Düse platt??)« – auch 2020 wird im Begleitheft zu *Hell* den Hosen gedankt, neben Gruppen wie Tocotronic und Eisenpimmel unter dem Punkt »Ein paar Bands sind immer da, wenn man sie braucht«. 2002 trifft Bela für eine als »Gipfeltreffen« beworbene Titelgeschichte des *Musikexpress* Campino zum Interview. Neben den üblichen Frotzeleien, etwa in Bezug auf Campinos starke Medienpräsenz, legt Bela Wert auf die Herausarbeitung von Gemeinsamkeiten: »Ich sehe bei unseren beiden Bands eine relativ anarchistische Grundeinstellung dem eigenen Schaffen gegenüber.« Zu ihren verbindenden Merkmalen gehört auch ihre stolze Bilanz: Elfmal standen Die Toten Hosen auf Platz Eins der deutschen Albumcharts, zehnmal die Ärzte; bei Spitzenreitersingles führen allerdings Die Ärzte 5:2. Neid ist in solchen Sphären nicht mehr angebracht. 2000 befinden sich beide Bands unter falschen Namen auf Clubtour, Die Ärzte als Die zu Späten und die Hosen als Essen auf Rädern. In ihren jeweiligen Heimatstädten spielt man sehr zur Ausflippung der Fans abwechselnd im Vorprogramm. Beim gemeinsamen Final-Gig im Düsseldorfer Tor 3 spielen beide Bands, im Verbund mit alten ZK-Kollegen, zum ersten und bislang letzten Mal gemeinsam einen Song: »Do Anything You Wanna Do« von Eddie & The Hot Rods.

Was beide Lager am stärksten zusammenschweißt, ist ihr gemeinsamer Gegner. Wie die Völker der Erde sich in *Independence Day* (1996) dann doch mal zusammenraufen, wenn sich riesenhafte Raumschiffe ihre Metropolen zum Ziel nehmen, bündeln auch diese Bands ihre Kräfte im Battle gegen Rechts. Für ihre Platte *Die Geister, die wir riefen* covern die Hosen »Schrei nach Liebe«, über die Jahre kommt es zu gegenseitigen Gastspielen bei Live-Aufführungen des Songs, wie 2018 beim geschichtsträchtigen »Wir sind mehr«-Konzert in Chemnitz.

Liebevolle Neckereien wie Rods Cameo-Auftritt im Hosen-Video »Wannsee«, bei dem er die Performance der Band mit den Worten unterbricht »Ruhe hier! Scheiß Mucke« – was haben die Jungs vom Rhein auch über das Berliner Meer zu singen? – oder die Ärzte-B-Seite »Saufen« gehören zum guten Ton des Punks. »Die Ärzte und wir, das sind geschätzte Kollegen«, sagt Campino 2019 dem Jugendsender MDR Jump. Sogar ein Duett möchte er nicht ausschließen: »Ob es jemals dazu kommt? Ich glaube eher nicht. Was wir in 40 Jahren nicht hinbekommen haben, warum soll das jetzt plötzlich klappen? Aber man weiß ja nie, die Mauer ist ja auch irgendwann gefallen.« Fans hatten bereits Ende 2014 darauf gehofft, neben Udo Lindenberg, Ina Müller, den Hosen und vielen anderen Die Ärzte im Line-up der deutschen *Band Aid* für die Neuauflage von »Do They Know It's Christmas?« zu erspähen. Doch: Fehlanzeige. Ob Die Ärzte überhaupt eingeladen wurden, wollte T-Online von Farin wissen. »Keine Ahnung; ich war verreist«, so die erwartungsgemäße Antwort. Das wird schon stimmen. Aber eine Band wie Die Ärzte, die ihren eigenen Fanclub abstraft, weil der es wagt, die Prinzen zu featuren, hätte nie im Leben in einer Reihe mit Dudelnudeln wie Andreas Bourani, Philipp Poisel und Silbermond gestanden. Guter Zweck hin oder her. Außerdem gibt es sogar ein Stück Musik, auf dem Die Ärzte *und* Die Hosen zu hören sind: »Für immer Punk« der Goldenen Zitronen von 1987, eine Neufassung des Alphaville-Seufzers »Forever Young« mit den Allstars der Punkszene, sowie Marian Gold von Alphaville. Und eben: Die Toten Hosen und Die Ärzte. Die Toten Ärzte heißt übrigens eine Coverband, die Songs beider Gruppen spielt und auf ihrer Website eine »Abgehshow mit saugeilen Songs« in Aussicht stellt. Dies nur ganz am Rande, sowie am Ende dieses Buchs, das kurz vor seinem Finale mit einem weiteren Höhepunkt mit den Ärzten aufwarten möchte. Um auch hier Loriot zu bemühen, der in einem Sketch Touristen durch das Märchenschloss Ludwig des II. führt, um schlussendlich »den König selbst« zu präsentieren. Meine Damen und Herren, Punkerinnen, Punks, Punkrocker und deren Freundinnen: Bela B im Interview!

»Den Schub gab's immer« – Interview mit Bela B

Es ist Mitte April 2021, vor zwei Tagen hat das neue Bandmaskottchen Schnecki (eine Schnecke) auf der Homepage der Ärzte die triste Ereignislosigkeit des x-ten Lockdowns mit der Frage durchbrochen: »Was hat 19 neue die ärzte-lieder & erscheint im Herbst?« Ich bin dazu angehalten, Bela während des Interviews zu diesem Band nicht darauf anzusprechen. Muss ich auch gar nicht – er legt von selbst damit los. Pünktlich zur vereinbarten Zeit erscheint eine Hamburger Nummer auf dem Telefon. Ab und an unterbricht uns ein Postbote – gelebte Corona-Realität im Hause B.

Du rufst pünktlich an! In den 80ern hätte ich jetzt noch ein paar Minuten oder gar Stunden warten müssen, oder?
Farin und Sahnie haben mir sogar mal eine Uhr geschenkt und hatten davor überlegt, welche ich wohl tragen würde – ich war ja immer schon so eine Mischung aus Goth und Fan von Comics und Trash, schwer festzulegen. Letzten Endes war das dann so eine knallgrüne Bugs-Bunny-Uhr. Die habe ich dann auch getragen, mein Zu-spät-Kommen hat sie damals aber nicht verändert.

Wir haben uns zuletzt getroffen, bevor *Hell* erschienen ist. Wie war es rückblickend, ein Album in Pandemie-Zeiten zu veröffentlichen?
Wir haben im Oktober 2019 mit den Aufnahmen begonnen. Dann ging Rodrigo für längere Zeit nach Südamerika und dann kam Corona, sodass wir die Platte erstmal nicht beenden konnten. Was sich aber auch in gewisser Weise als Glücksfall herausstellte. Ich hatte für 40 Lieder Schlagzeug eingespielt. Das war die Grundsituation. Wir wollten dann aber kein Doppelalbum herausbringen und nach der langen Zeit die Leute überfordern. Dann haben wir überlegt, zwei Platten parallel zu veröffentlichen. Das hat Corona aber verhindert: Da gab's Probleme mit den Presswerken und Druckereien, weil die alle im Schichtdienst arbeiten mussten, damit sie nicht komplett schließen müssen, falls sie Coronafälle haben. Aus diesen Gründen haben wir uns dann entschieden, erst mal eine Platte herauszubringen, wussten aber, dass wir noch eine in der Hinterhand haben. So konnten wir aus dem ganzen Material eine traumhafte Playlist fürs erste Album erstellen. Und für die neue Platte haben wir im Winter 2020/'21 dann noch mal 14 neue Lieder geschrieben. Auch das ist Corona! Es gab halt sonst nicht viel zu tun. Da waren auch ein paar Schnellschüsse dabei: Ich hab' Farin zum Beispiel 'ne neue Band vorgestellt und der fand die so krass gut, dass er in zwei Stunden einen von denen beeinflussten Song geschrieben hat, der mit zum Besten gehört, was ich von ihm gehört habe und seine Sachen auf *Hell* sind ja schon premium, auch nach seinen Standards.

Das erinnert an euren Schub Mitte der 90er …
Den Schub gab's immer: Beim ersten Album, beim zweiten; nach dem dritten war die Luft zwar raus, dann haben wir be-

schlossen uns aufzulösen, das hat noch mal für einen richtigen Schub gesorgt. Das Comeback-Album war auch was Besonderes, bei *Planet Punk* waren dann alle Schleusen offen. Bei der *13* gab's den Schub, bei *Jazz ist anders*; es gab auch eine totale Leichtigkeit bei der »unsichtbaren« Platte, obwohl die nicht jeder so gelungen fand, aber in der Session haben wir ja auch die *Bullenstaat*-Platte gemacht. Es gibt kein Album, das uns peinlich ist. Auch *auch* hat Highlights, obwohl wir die Platte besser noch mal verschoben hätten und wahrscheinlich spielen wir von der jetzt auch nicht viel live.

Alle Singles aus *Hell* erreichten die Top 5 der deutschen Charts, »True Romance« wurde sogar ein Nr. 1-Hit. Doch jeweils nach einer Woche waren die Songs aus den Top 100 verschwunden. Ein Kuriosum, das vermutlich zustande kommt, weil die alten Fans am Veröffentlichungstag losziehen und die Vinylsingle in die Hitliste kaufen, wo sich aber nur hält, wer auch permanent gestreamt wird.

Beim Streaming müssen wir uns einfach an neue Gegebenheiten gewöhnen. Ich weiß nicht, ob wir eine Band für diese Medien sind. Wir kritisieren diese Plattformen auch häufig – da findet einfach Entwertung von Musik statt. Es steckt kein Herz in Algorithmen: Du hörst Nirvana und dann wird dir Nickelback als nächste Band vorgeschlagen. Ich nutze Spotify zwar auch, um mir einen schnellen Überblick zu verschaffen, kaufe aber noch wie ein Irrer Platten. Wir sind ja seit 2019 auch bei den großen Streaming-Portalen, B-Seiten bleiben aber Tonträgern vorbehalten. Und viele Leute in unserem Publikum halten sich eben nicht ausschließlich auf diesen Apps auf, sondern wollen auch die Hardware haben. Dazu wird im Streaming auch Geld gewaschen: Da werden Menschen in Thailand bezahlt, um einen Song in die Charts zu klicken und das Geld kommt dann über Spotify wieder rein. Das finden wir schon schräg. Beim Album hatten wir jedenfalls weniger Probleme in den Charts (*lacht*). Wir müssen uns das aber auch immer wieder ins Gedächtnis rufen, dass das nicht Ziel unserer Existenz als Musiker ist, mit den aktuellen Topstars in irgendeiner Form zu konkurrieren. Die Prinzen oder Pur waren in ihren Hochphasen ja auch deutlich erfolgreicher als wir, aber das war uns immer schnuppe. Uns war es immer wichtiger, unsere Musik nicht zu verramschen, für Werbung oder Ähnliches. Es ist uns wichtiger, nicht auf den falschen Festivals mit den falschen Sponsoren zu spielen. Das zählt mehr als ein Nr. 1-Hit – von denen hatten wir, wenn ich mich recht erinnere, eh nur zwei.

Fünf hattet ihr bisher: »Unrockbar«, »Junge«, »Schrei nach Liebe« im zweiten Anlauf, »True Romance« eben, und natürlich »Männer sind Schweine«.
Na siehste, das weißt du besser als ich. Als »Männer sind Schweine« Nr. 1 war, ist mal jemand auf der Straße vor mir in die Knie gegangen und hat gesagt: »Danke, dass ihr Céline Dion von Platz 1 gestoßen habt!« Ein großartiger Moment.

Über Jahrzehnte ist es euch gelungen, immer wieder aktuell 12-Jährige für euch zu gewinnen. Sind eure neuen »Rekorde« in den Single-Charts vielleicht auch ein Zeichen dafür, dass die streamende Jugend einfach was anderes hört?
Junge Leute entdecken uns schon noch, durch ihre Eltern zum Beispiel und weil es heute auch viel leichter ist, sich mit Musik der Vergangenheit zu beschäftigen. Und mit »Junge« konnte sich ja auch jeder wieder identifizieren, inklusive Heino. Aber klar, Hip-Hop läuft im Streaming besser. Da ist ja auch nicht

alles Mist, aber wenn ich so Kids auf Parkbänken mit ihren kleinen Bluetooth-Boxen sehe, wie sie Capital-Bra-Alben durchhören – na, irgendwie muss man die Zeit ja rumbringen.

Demnächst wird ... ***Jahr 2022 ... die überleben wollen*****, der deutsche Synchrontitel von** ***Soylent Green*****, Realität. Das bedeutet auch: 40 Jahre Die Ärzte brutto. Wie fühlt sich das an?**
Fuck, Scheiße, ... Ich erschrecke da schon, wenn ich in der Presse unser Alter neben unseren Namen sehe. Damit sind wir ja fast unglaubwürdig für die Musik, die wir machen. Aber wir wollen relevant bleiben, wir haben eine neue Platte gemacht, wir wollen nicht unseren Backkatalog spazieren führen. Farin hat mir neulich eine alte Aufnahme von uns gegeben, vom Open-Water-Festival am Berliner Plötzensee 1984, unser allererstes Open Air, das wurde dann wegen Regen abgebrochen. Da waren wir Co-Headliner mit Dave Edmunds – kein berühmtes Billing also, war auch nicht viel los. Das höre ich mir dann so an, wie wir die Refrains vor Aufregung und Adrenalin runterbrüllen ... Das ist ewig her, aber ich kann mich noch genau an die Situation erinnern. Ich jedenfalls habe nicht viele Platten von Bands im Regal, die so lange existieren wie wir und im Spätwerk immer noch relevant und gut waren. Ausnahmen sind da auch die Hosen – deren vorletztes Album ist ihr erfolgreichstes und meiner Meinung nach eins ihrer besten. Das hat mich tatsächlich sehr gefreut. Aber stimmt schon: Viele Bands halten dem Vergleich nicht stand. Ich finde es immer verdächtig, wenn Bands zu lange zusammen sind: Die Rolling Stones zum Beispiel, seit den 80ern keine Ideen mehr, treten in Europa nur noch für VW auf – gut, machen dann mal ein Bluesalbum, aber mit Blues haben sie ja auch angefangen. Naja.

Wie schafft man es als feinfühliger Mensch, als der du oft beschrieben wirst, sich über so lange Zeit der ständigen öffentlichen Beurteilung auszusetzen?
Dünnhäutig ist zwar keiner von uns, aber mich trifft Kritik schon stärker als die anderen beiden. Sensibilität ist einem eben auch angeboren, das kann ich nicht aus mir herausschneiden. Ich verstehe aber auch vieles – etwa, dass ein Rockstar, dem scheinbar alles gut gelingt, eine gute Projektionsfläche für deine schlechte Laune ist. Und Kritik anzunehmen hält einen ja auch auf dem Boden. Aber ja, manchmal neige ich dazu, mich zu viel mit Kritik auseinanderzusetzen.

Die Kritik an euren Stücken »Woodburger« und »Liebe gegen rechts« dürfte euch zuletzt überrascht haben.
Die Ärzte sind ja so eine Institution in Deutschland, auf die sich irgendwie alle einigen können. Das ist uns gar nicht so recht. Wenn sich Leute auch mal an uns reiben, finden wir das erst mal gut. Auch bei »Woodburger« meinte einer in der Band: Das ist ganz schön risky. Aber ich sagte: Wenn nicht wir, wer dann? Das ist so abstrus – das müssen wir machen! Wir wollen aber auch nicht, dass man uns alles verzeiht. Wir wollen jetzt nicht mehr so offenkundig provozieren wie mit Anfang 20, aber wir freuen uns auch, wenn sich Leute provoziert fühlen. Denn so kommt man ins Reden. Und reden hilft. Sonst werden wir zu einem Volk aus lauter Grüppchen, die einander nicht mögen.

Viele Künstler*innen sind gerade damit beschäftigt, ihren Backkatalog zu scannen und Anstößigkeiten auszumisten. Wo stehen Die Ärzte in der Cancel Culture?
Wir stellen uns der schon, wollen aber auch vor keiner Mei-

nungsmafia kuschen. Es gibt ja eine Maxi-Version von »Radio brennt«, in der das N-Wort vorkommt …

… und im Live-Video von »Zu Spät« …
Ja, das will ich auch gar nicht verteidigen, wobei es ja ein noch schlimmeres N-Wort gibt. Aber wir waren und sind einfach *so jenseits* von Rassismus … Wir fanden halt die Zeile »Wir sind Schlagerfuzzis und keine N…« so unfassbar bescheuert, aber klar – kannste heute nicht mehr bringen und das ist ja auch gut so. Das ist eine gute Entwicklung und wir sind Teil davon. Der Trierer Punkband Love A hat das *Ox-Fanzine* mal diese Stelle vorgespielt und die meinten dann so sinngemäß, sie seien bisher eher Ärzte- als Hosen-Fans gewesen, würden das aber jetzt ändern, weil die Hosen keine rechte Vergangenheit haben. War natürlich witzig gemeint – hoffentlich!

Eure Künstlernamen fungieren auch als Schutzschilder vor eurer Privatsphäre – außer bei Rod. Farin sagte während eurer Pause vor *Hell* mal: »Ich könnte mir schon vorstellen, wieder als Farin Urlaub auf die Bühne zu gehen«. Wie viel Kunstfigur steckt in Bela B? Für deinen Roman hast du deine Namen zu Bela B Felsenheimer verschmolzen. Mit wem spreche ich hier eigentlich?
Du sprichst mit Bela B. Ich lasse mich auch von allen Bela nennen, meine Freundin sagt Bela zu mir. Nur meine Eltern und die Polizei nennen mich Dirk. Inzwischen ist der Name auch in meinem Pass eingetragen, allerdings mit Felsenheimer; ich kann mit Bela B Felsenheimer offizielle Dokumente unterschreiben. Letztlich geht das auf die alten Punktage zurück – Punk war eine Bewegung, in der es darum ging, sich auch äußerlich zu distanzieren von den bestehenden Verhältnissen.

Da lebte man in einer eigenen Welt. Ich wollte das aber nicht. Ich wollte – als Punkrocker und Mitglied einer Punkband – mich nicht *noch* mal umziehen, wenn ich auf die Bühne gehe. Ich wollte, dass meine Künstlerexistenz immer auch ein Teil von mir ist. Bei Farin ist das anders, der will dann privat sein, der braucht Freiraum. Ich verstehe auch Ringo Starr, als er mit 50 Jahren sagte, dass er keine Autogramme mehr gibt. Das kommt zwar erst mal arrogant und beschissen rüber, ist aber gleichzeitig auch irgendwo verständlich.

Vincent Damon Furnier spricht von seiner Kunstfigur Alice Cooper in der dritten Person.
Alice Cooper ist klar eine Figur – privat spielt der ja Golf mit Golfbällen und nicht mit Babyköpfen. Ich bin dem mal in Montreux in 'nem Fahrstuhl begegnet, hab ihm die Hand geschüttelt – obwohl er ja Republikaner ist – und ihn mit Mister Furnier angesprochen. Fand er, glaube ich, okay.

Wie erklärst du dir euren ungeheuren Stellenwert in Deutschland?
Das müssen andere machen. Ich sehe natürlich unseren Einfluss auf coole und relevante Bands wie Kraftklub, K.I.Z, SDP, … ich sah früher schon, wie Bands versuchten, Indizierungen zu provozieren, indem sie Ärzte-like Songs über absurde Sexpraktiken geschrieben haben. Nach unserem Ende gab es Bestrebungen, die Abstürzenden Brieftauben und die Goldenen Zitronen als nächste Die Ärzte aufzubauen. Aber es gab in all den Jahren, in denen wir zusammen sind, keine Band, die uns hätte ersetzen können. In erster Linie machen wir Musik für uns und füreinander, wollen uns gegenseitig textlich und musikalisch überraschen. Wir nehmen uns nicht zu wichtig und sind uns

selbst gegenüber oftmals richtiggehend respektlos. Das ist wohl eine Form der Authentizität, die die Leute mögen. Auf der einen Seite sind wir mördermegaerfolgreich, auf der anderen Seite sind wir immer noch deine kleine Band von nebenan, ne?

Und wie erklärst du jemandem, der nichts mit Deutschland und unserer (Pop-)Kultur zu tun hat, wer oder was Die Ärzte sind?
Keiner von uns versucht sich oder anderen den Erfolg zu erklären. Das würde ja auch implizieren, dass wir ein Erfolgsrezept hätten, dass es eine Formel gibt. Irgendwie spielen wir außerhalb unserer Blase die Band eher runter. Farin behauptet auf Reisen auf seinen Beruf angesprochen gerne, dass er Taxifahrer oder irgendwas sonst wäre. Ich sage meistens: »I'm playing in a rockband and we're doing okay.« Mehr nicht.

Was ihr bei all eurem Erfolg aber nie wissen werdet: was es bedeutet, Ärzte-Fan zu sein.
Das stimmt, darüber habe ich noch nie nachgedacht … Ich weiß schon, wie es ist, Fan zu sein. Ich bin enthusiastischer Fan von ganz vielen Acts. Farin und Rod genauso. Als NOFX in Farins Leben traten, hat er sich alle Platten gekauft, die Texte auswendig gelernt. Als wir einmal Headliner bei einem Festival waren, bei dem NOFX an zweiter Position vor uns spielten, ist er ins Publikum gegangen und hat lauthals mitgesungen. Rod ist ein ungeheurer Musikfan, der nicht nur Musik hört, sondern auch ständig Biographien von Musikern liest. Und bei den Beatles ist es schon fast fanatisch. Das sind wir. Aber wir hatten schon als wir die Band gegründet hatten keine Bandposter mehr an der Wand. Bei mir hängen aktuell nur persönliche Autogramme herum, von The Damned, Katzenjammer, Ramones, … Ich würde eine Band nie im Internet stalken oder

so. Ich trage mich in Newsletter ein und gehe davon aus, so immer ausreichend informiert zu werden. Viele Menschen sind da weitaus extremer in ihrem Fan-Dasein. Aber wir haben schon in den 80ern gesagt: Wir können keine Erwartungen bedienen. In dem Moment, in dem wir anfangen, genau das zu tun, was die Leute wollen, sind wir nicht mehr die Band, die sie wollen. Dann sind wir nicht mehr Die Ärzte. Für manche sind wir schon Religionsersatz. Erst wurden Haustiere, dann Kinder nach uns benannt. Der Name Farin ist jetzt offiziell in der Namensliste für Babys beim Standesamt. Lars Klingbeil, Generalsekretär der SPD, hat mal gesagt, Farin Urlaub sei sein großes moralisches Vorbild. Ich bin einmal Manuela Schwesig, der Ministerpräsidentin von Mecklenburg-Vorpommern, in einer Talkshow begegnet, die ist ganz blass geworden, weil sie eben auch so eine Historie als Ärzte-Fan hat. Das kann man sich jetzt zu Kopf steigen lassen und sich 'ne Insel kaufen … ich habe aber die Erfahrung gemacht: Je normaler ich mich verhalte, desto normaler verhält sich auch meine Umgebung mir gegenüber. Ich bin stolz auf uns drei, dass wir sind, wer wir sind und dass wir diese ominöse Verehrung nicht zu nah an uns ranlassen. Es war schon überwiegend eine große Freude, in dieser Band zu spielen. Es tut zwar auch immer gut, mit anderen Leuten was völlig anderes zu machen, seinen Horizont zu erweitern und dazuzulernen. Aber wenn ich nach Soloausflügen zu den Ärzten zurückkehre, frage ich mich manchmal, wieso ich eigentlich was allein machen musste – ist doch total geil, mit dieser Band zu spielen!

»Manchmal drückt der Heiligenschein« – Interview mit Farin Urlaub

Zwei Monate nach dem Telefonat mit Bela steht der Name des neuen, 14. Studioalbums der Ärzte fest: Dunkel, *das härtere Gegenstück zu* Hell. *Out of the Light, into the Dark. Ich bin zum Interview für den* Musikexpress *mit der Band im Garten des Ärzte-Hauptquartiers am Berliner Columbiadamm verabredet. Farin erscheint als Erster. »Ach, du bist der mit dem Buch?«, sagt er, »Da hätte ich auch gerne mitgemacht.« Schließlich ist Farin Urlaub der längste Bücherwurm der Band. Unmittelbar vor Druckabgabe dieses Buchs darf ich ihm noch ein paar Fragen stellen.*

Es ist euch sehr wichtig, Kontrolle zu bewahren – über euch als Privatmenschen und als Bühnenfiguren, über eure Kunst und deren Verwendung, über eure Integrität. Gleichzeitig begebt ihr euch immer wieder in Situationen, in denen es klar um Kontrollverlust geht – bei euren Improvisationen auf der Bühne etwa oder du auf deinen teils lebensgefährlichen Reisen. Bedingt das einander? The Balance of the Force?
Die Frage ist schon sehr verkopft, aber ich versuche mal, sie aus dem Bauch (haha) zu beantworten: Das eine ist unser Bild in

der Öffentlichkeit, ob als Personen (= Rockstars) oder als Bandgefüge. Hier wollen wir gerne die Deutungshoheit behalten und bestehen auf ein gewisses Maß an Mysterium, unbeantworteten Fragen, gezielten Schwammigkeiten etc. Auf der Bühne geht ohnehin alles, das ist sozusagen rechtsfreier Raum. Hier zählt allein der Moment; da dieser heutzutage immer häufiger festgehalten wird – Handyaufnahmen, Liveübertragungen o. ä. – gibt es hinterher oft ungläubiges Staunen: Hab' ich das tatsächlich so gesagt? Ups! Auf meinen Reisen begebe ich mich nicht absichtlich in Gefahr, ich bin nur sehr, sehr neugierig und hoffe einfach auf mein Glück.

Bist du in deiner musikalischen Karriere jemals einen Kompromiss eingegangen, den du heute bereust?
Jede Produktion beinhaltet Kompromisse, ohne sie wäre es unmöglich, als Band zu funktionieren. Ich versuche, sie schnellstmöglich zu vergessen; alles andere wäre zu anstrengend für alle Beteiligten.

Im Katalog der Ärzte findet sich quasi zu jedem möglichen – und unmöglichen – Thema (here's looking at you, Madonnas Dickdarm) ein Song. Gibt es dennoch etwas, worüber du einen Song schreiben möchtest, aber noch nicht weißt, »[w]ie es geht«?
Es gibt einige »große« Themen, an die ich mich nicht heranwage, da ich fürchte, ihnen nicht gerecht werden zu können: Terror, psychische Krankheiten, Krieg …

Hattest du jemals direkt mit einem Nazi oder Fascho zu tun? Wenn ja, wie war das?
Schmerzhaft.

Guckt man sich alte Interviews von euch aus den 80ern an, wirkst du damals oft gereizt, was einen zumindest auffälligen Kontrast zu deinem heutigen Bild als Strahlemann ergibt. Ist das zufallsbedingt oder gab es da eine Entwicklung vom *angry young man* hin zur lebensbejahenden Frohnatur?
Ist das so? Das liegt wahrscheinlich daran, dass Journalist*innen früher regelmäßig versucht haben, uns aufs Glatteis zu führen. Oder sie waren total sweet zu uns, um uns hinterher zu verreißen. Da wird man schnell misstrauisch. Heute ist es eher umgekehrt: Selbst, wenn wir keinen guten Tag haben, werden uns oft schlaue Antworten angedichtet. Alles prima, nur der Heiligenschein drückt manchmal.

Als jemand, der eigentlich nie Popstar sein wollte und weitestgehend auf das VIP-Leben verzichtet – was ist denn, abseits der Musik, vielleicht doch ganz angenehm am Popstar-Dasein?
Es passiert manchmal, dass ich erkannt werde, und gelegentlich sind Menschen dann etwas höflicher/freundlicher zu mir. Manchmal schlägt das aber auch ins Gegenteil um: Oh Gott, was will DER denn hier?!? Insgesamt aber gehe ich sehr unerkannt durchs Leben, und das ist auch gut so.

Nachdem das hier in einem Buch abgedruckt wird: Welches Buch hat dich am meisten geprägt und warum?
Die typische Frage nach dem Wichtigsten, Größten, Schönsten … so stellt sich das für mich nicht dar. Alle Bücher, die ich bis zum Ende lese, beeinflussen mich auf eine Art. Aber wenn du schon so fragst, war es wahrscheinlich *The Beatles Complete* – fast alle Beatles-Songs für einfache Gitarrenbegleitung aufbereitet, das bekam ich etwa zum 10. Geburtstag – und von da an gab es kein Zurück.

»Für immer« –
Die Zukunft der Ärzte

»Bisher hatte ich keine bessere Idee. / Dies ist mein Leben, es gibt keinen Plan B.« Womöglich um sich die wasserradartig wiederholte Journalistenfrage, wie lange man denn glaubhaft heiße Musik für wilde Teenagerpartys machen könne, zu ersparen, liefern Die Ärzte zu Beginn von *Hell* diese Bestandsaufnahme. In »Vorbei ist vorbei«, einem ihrer dezidiert witzlosen Songs heißt es: »Du hast nur dies eine Leben. / Wenn's vorbei ist, ist's vorbei. / Nimm's nicht so schwer – denn das Wichtigste ist doch: / Du hattest eine schöne Zeit – eine herrliche Zeit.« Das müssen sich Die Ärzte nie vorwerfen: nicht das Maximum aus diesen drei Leben herausgeholt zu haben. Das zeigen neben dem spektakulären Lauf der Ärzte auch ihre Solokarrieren: Alle vier Alleingangalben Farins, mit und ohne Racing Team, erreichten die Top Drei der deutschen Charts; die Bildbände von seinen zahlreichen Reisen zeugen von einem unermesslichen Parallelleben jenseits des Rockzirkus. Auch Bela blickt auf vier erfolgreiche Alben zurück, landete als Schauspieler sogar in einem Tarantinofilm, und reüssierte als Romanautor mit dem Bestseller *Scharnow* (2019). Rod spielt nebenbei mit ¡Más Shake! südamerikanischen 60s-Beat und bei den Deutschpunks der fast ersten Stunde, Abwärts, deren Alben auf seinem Label Rodrec erscheinen.

Aber Die Ärzte haben auch verinnerlicht, wann Stillstand zielführender als Bewegung ist. Ihre schwächsten Alben entstanden in Drucksituationen, die sie in Zerwürfnisse brachten: 2003 ist die Band nach zehn arbeitsintensiven Jahren seit ihrem Comeback geschlaucht, die dicke Luft ließ sie dünnhäutig werden; um Streit über die Songauswahl zur neuen Platte zu vermeiden gerät *Geräusch* zum überbordenden Doppelalbum. Wiederum zehn Jahre später übernimmt sich die Band mit ihren selbstveranstalteten »Ärztivals«; ausgerechnet der sonst zwischen Bela und Farin schlichtende Rod ist von der spontaneitäterstickenden Durchgetaktetheit der Auftritte so frustriert und dazu von Schulterschmerzen gequält, dass er die Kollegen mit passiv-aggressivem Verhalten überfordert. Zudem bewirbt die Band damals mit *auch* eine Platte, die unter ähnlichen Bedingungen wie das *Weiße Album* der Beatles entstanden war, als Amalgam von Solo-Arbeiten mit wenig Interaktion der Beteiligten. Der Versuch, die mangelnde Qualität der Platte mit Quantität auszugleichen und ganze 32 Videos zu den Songs zu produzieren, hinterlässt ebenfalls seine Spuren. Nach der Tour ist die Band ausgebrannt. Farin verschenkt fast all seine Gitarren, zieht sich mehr als je zuvor in sein Privatleben zurück. Zwischen ihm und Bela herrscht anderthalb Jahre Funkstille. Die Ärzte in ihrer damaligen Form sind am Ende. Doch sie haben ihre Lektion gelernt: Bis zum deutlich inspirierteren Nachfolger *Hell* vergehen mehr als acht Jahre. Die Band unterwirft sich keinen Erwartungen mehr außer ihren eigenen. Ein zukunftsfähiges Modell. Doch längst ist das Erbe der Ärzte von keinem weiteren Album, von keinem weiteren Konzert mehr abhängig.

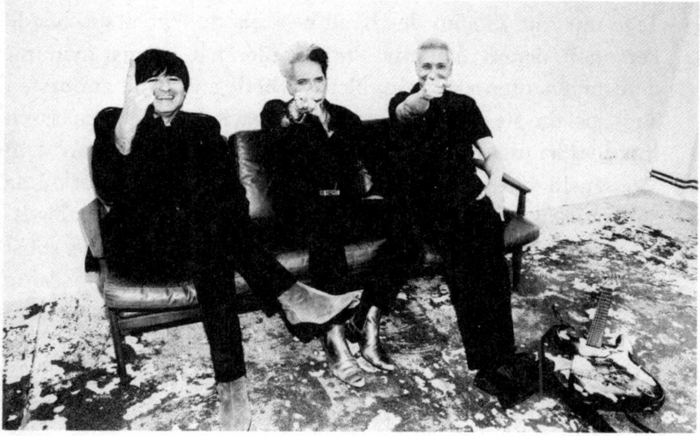

Kein Ände in Sicht: Rod, Bela und Farin (v. l.) 2020

Schließlich sind auch die großen Vorbilder von zumindest zwei Ärzten, die Beatles, seit mehr als einem halben Jahrhundert passé. Und doch werden sie auch noch allgegenwärtig sein, wenn alle ihre Mitglieder wiedervereint sind. Bei den Ärzten wird sich das nicht anders verhalten, wenn freilich auch nicht in globalem Ausmaß. Das liegt neben dem überragend hohen Niveau ihres Werks und dessen vielseitiger Natur auch an der multiplen Einsatzfähigkeit. Bei 64. Geburtstagen wird die Verwandtschaft selbst in ferner Zukunft noch »When I'm Sixty-Four«-Ständchen bringen, das erste Feierabendbier öffnet sich weiterhin am Besten zum ersten Akkord von »A Hard Day's Night«. Den Kunstgriff der präzisen Nennung und prominenten Platzierung von gemeinsamen Nennern beherrschen auch Die Ärzte meisterhaft. Problemlos lassen sich Dialoge ganzer

Tage nur mit Zitaten der Band bestreiten. Vorbeirauschende Personen, denen man etwas mitzuteilen hat, bremst man mit dem prägnanten »Hey du, bleib stehen« aus »Wie am ersten Tag« aus, um sie nach der Unterhaltung wieder ziehen zu lassen mit »Du kannst gehen, aber deine Kopfhaut bleibt hier«. Um Wissenslücken zu hinterfragen, eignet sich »Oder hast du da auch wie so oft im Unterricht gefehlt?« Bei schlechten Tischmanieren des Nachwuchses heißt es »Füße vom Tisch«, sonst gibt's kein »Zitroneneis«. Zogen Hippies Ende der 60er-Jahre »Give Peace a Chance« fordernd durch die Straßen, sind es 50 Jahre später junge Schulschwänzer*innen, die mit »Deine Schuld«-Chören die Fridays-for-Future-Proteste befeuern.

Die Ärzte bleiben unseren Köpfen erhalten. Unseren Bäuchen sowieso, wenn ihr nächster Gag einen Volltreffer aufs Zwerchfell landet. Am überlebenswichtigsten aber: Die Ärzte sind in unseren Herzen. Und dort ist nur, wer echt ist. Parodien hin, Ironie her, Die Ärzte sind authentisch. In ihrer Haltung, in ihren Gefühlen, in ihrer Musik. Als Beleg genügt nur die Stelle im Live-Video von »Zu spät«, ohnehin der vielleicht ergreifendsten Pop-Ballade in deutscher Sprache, wenn Farin Urlaub zur Zeile »So wie ich dich vorher geliebt« die Augen schließt, nein: zumacht. Da mag er im Intro des Songs noch so arg herumgekaspert haben. Dieser eine Moment zieht uns die Gänsehaut über. Die Ärzte sind kein Fun-Punk, aber sie verstehen Punk und Fun so gut wie niemand sonst. So sind sie, auch wenn sie das bestimmt niemals sein wollten, wertvolles Kulturgut in einem Land, das dringend lernen muss, lauter über sich selbst zu lachen. Schön, weil zukunftsweisend wäre es abschließend zu behaupten, Die Ärzte seien heute wichtiger als je zuvor. Aber das stimmt nicht. Sie waren immer gleich wichtig. Jeder braucht schließlich Die Ärzte.

Hör- und Lektüretipps

Zum Hören

Es gibt so viel zu sehen, es gibt doch so viel zu lernen
Hast du nichts Besseres zu tun als die Die Ärzte zu hören?

Studioalben

Debil (CBS) 1984
Im Schatten der Ärzte (CBS) 1985
Die Ärzte (CBS) 1986
»Das ist nicht die ganze Wahrheit …« (CBS) 1988
Die Bestie in Menschengestalt (Metronome) 1993
Planet Punk (Metronome) 1995
Le Frisur (Metronome) 1996
13 (Hot Action Records) 1998
Runter mit den Spendierhosen, Unsichtbarer! (Hot Action Records) 2000
5, 6, 7, 8 – Bullenstaat! (Hot Action Records) 2001 (Sonderveröffentlichung)
Geräusch (Hot Action Records) 2003
Jazz ist anders (Hot Action Records) 2007
auch (Hot Action Records) 2012
Hell (Hot Action Records) 2020
Dunkel (Hot Action Records) 2021

EPs

Zu schön, um wahr zu sein! (Schnick Schnack / Vielklang) 1983
Uns geht's prima … (Schnick Schnack / Vielklang) 1984
Original Ärzte-Soundtrack zum Film *Richy Guitar* (CBS) 1985

1, 2, 3, 4 – Bullenstaat! (Eigenproduktion) 1995
Rockgiganten vs. Straßenköter (Split-EP mit Terrorgruppe, Metronome) 1996

Live-Alben

Nach uns die Sintflut (CBS) 1988
Wir wollen nur deine Seele (Hot Action Records) 1999
Satanische Pferde (Hot Action Records) 1999
Rock 'n' Roll Realschule (Hot Action Records) 2002
Jazzfäst (Subversive Rock Productions) 2009
Die Nacht der Dämonen (Hot Action Records) 2013

Kompilationen

Ist das alles? 13 Höhepunkte mit den Ärzten (CBS) 1987
Ab 18 (CBS / EFA) 1987
Die Ärzte früher! Der Ausverkauf geht weiter! (Vielklang) 1989
Moskito-Songs (mit sechs Songs der Ärzte, CBS) 1989
Das Beste von kurz nach früher bis jetze (CBS) 1994
Bäst of (Hot Action Records) 2006
Seitenhirsch (And More Bears) 2018
They've Given Me Schrott! – Die Outtakes (And More Bears) 2019

Zum Weiterlesen

Karg, Markus: Die Ärzte. Ein überdimensionales Meerschwein frisst die Erde auf. Die Biografie der besten Band der Welt. In Zusammenarbeit mit BelaFarinRod. Berlin 2001.
Liebing, Hagen: The Incredible Hagen. Meine Jahre mit »Die Ärzte«. Berlin 2003.
Üblacker, Stefan: Das Buch ä. Die von die ärzte autorisierte Biografie Berlin 2016.
Die Ärzte vs. Die Toten Hosen. Musikexpress Sonderheft. Berlin 2013.